Interpretation and Overinterpretation

詮釋與過度詮釋
Interpretation and Overinterpretation

Umberto Eco

with
Richard Rorty, Jonathan Culler and
Christine Brooke-Rose

Edited by
Stefan Collini

艾柯 等著

王宇根 譯

OXFORD
UNIVERSITY PRESS

OXFORD
UNIVERSITY PRESS

Oxford University Press is a department of the University of Oxford.
It furthers the University's objective of excellence in research, scholarship,
and education by publishing worldwide. Oxford is a registered trade mark of
Oxford University Press in the UK and in certain other countries

Published in Hong Kong by
Oxford University Press (China) Limited
39/F, One Kowloon, 1 Wang Yuen Street, Kowloon Bay,
Hong Kong

詮釋與過度詮釋

艾柯 等著 王宇根 譯

ISBN: 978-988-867899-0

1 3 5 7 9 10 8 6 4 2

English text originally published as *Interpretation and Overinterpretation*
© Cambridge University Press 1992

目 錄

編著者簡介

(1992)

昂貝多・艾柯Umberto Eco
Professor of Semiotics at the University of Bologna

理查・羅蒂Richard Rorty
University Professor of the Humanities at the University of Virginia

喬納森・卡勒Jonathan Culler
Professor of English and Comparative Literature and Director of the
Society for the Humanities, Cornell University

克里斯蒂娜・布魯克–羅斯Christine Brooke-Rose
Formerly Professor of Literature at the University of Paris VIII

斯蒂芬・柯里尼Stefan Collini
University Lecturer in English and Fellow of Clare Hall, Cambridge

詮釋：有限與無限

斯蒂芬・柯里尼

一

「我唯一擔心的是，這一話題是否會充分地與人文價值密切相關。」熟悉學術委員會運作情況的人一下子就會聽出這句話裏面的弦外之音。這一次，圍坐在圓桌周圍的是劍橋大學克拉爾廳(Clare Hall)「丹納講座」委員會的委員們。丹納講座(Tanner Lectures)由美國慈善家、猶他大學前哲學教授奧伯特・丹納(Obert C. Tanner)於一九七八年七月一日在劍橋大學克拉爾廳正式設立。(它每年也在哈佛、密西根、普林斯頓、斯坦福、猶他等大學設立；也偶設他處。)此講座聲稱，其宗旨是「推動並反思與人文價值判斷和評價有關的學術思維與科學思維的發展」。我們正在談論的一九九〇年的這次講座準備邀請意大利著名學者昂貝多・艾柯(Umberto Eco)主持，他所提交的講題是：詮釋與過度詮釋(interpretation and overinterpretation)。開頭提到的那位委員會的委員正是對艾柯提出的這個講題深表擔心和憂慮。然而，這種擔心和憂慮並沒有持續很長的時間，隨着講座的實際進行，它一下子就渾然冰釋了。

顯然，對於拼命擠進劍橋大學最大講演廳之一的克拉爾廳去聽此講座的近五百名聽眾而言，這種擔心與憂慮根本上就不存在。也許有的人只是想來一睹這位當代著名作家的風采，以滿足自己強烈的好奇心；也許有人只是不想錯過目睹這次社會文化勝景的機會。然而這麼多人一而再、再而三地來聽此演講，這個事實卻清楚地表明：除了演講者本人磁石般的魅力外，演講的內容本身也必定自有其獨特的引人之處。當你看到熱心的聽眾第二天一大早就在講演廳門口排起長隊，等待着旁聽艾柯與理查‧羅蒂(Richard Rorty)，喬納森‧卡勒(Jonathan Culler)和克里斯蒂娜‧布魯克-羅斯(Christine Brooke-Rose)三人的辯論時，任何人的擔心與疑慮都煙消雲散、蕩然無存了。辯論會持續了一天的時間，由克默德(Frank Kermode)主持。自然，辯論會生動而熱烈。阿姆斯特朗(Isobel Armstrong)，比爾(Gillian Beer)，波依德(Patrick Boyde)，布特勒(Marilyn Butler)等知名學者與批評家(按字母順序排列)的參與給辯論會增添了不少豐富的色彩；特別是在場的一些小說家兼批評家 —— 如布雷德伯里(Malcolm Bradbury)，哈維(John Harvey)等 —— 中肯而切題的評論則如一首首插曲，更加給嚴肅的辯論會增添了許多輕鬆歡快的氣氛。

　　自然，艾柯是所有這些演講與辯論的主角。昂貝多‧艾柯教授在此眾多的研究領域中取得了重大成就，簡直難以將他的研究歸入某一個學科類型之中。他生於

斯蒂芬‧柯里尼

意大利的皮埃蒙特，在都靈大學主攻哲學，而做的論文卻是關於托馬斯·阿奎那的美學的。他為意大利國家電視網絡的文化節目組工作過，其後邊在都靈大學、米蘭大學和佛羅倫薩大學教書，邊在一家出版社做編輯。一九七五年以來，他一直主持着波洛尼亞大學的符號學教席（這是全世界大學中所設立的第一個符號學教席）。他著述甚豐，在美學、符號學和文化批評等研究領域都作出過卓越的貢獻。他的大部分著作都已譯成英語及其他語言出版。然而最令人驚異的是，人們不得不將其最近的幾部著作回譯為意大利語，因其原作是用英語寫的——這無疑是艾柯教授傑出的語言才能的又一充分表現。同時，他還是位多產的時事作家，為意大利好幾家日報和周報定期寫一些非常有趣的專欄文章。然而，艾柯教授卻是——至少是在英語世界——作為《玫瑰之名》（*The Name of the Rose*）一書的作者而廣為人知的。這部小說出版於一九八〇年，現已暢銷全世界。接着，在一九八八年，他又出版了第二部小說《福柯的鐘擺》（*Foucault's Pendulum*）。這部小說翌年即被譯為英文，並且立即就引起了批評界的注意。

　　我們正在閱讀的這本書是根據艾柯一九九〇年丹納講座的講稿、前面提到的三位主要的論辯參與者的演說詞，以及艾柯的答辯詞修訂編輯而成。由於所論辯的問題對於那些沒有機會親自參加辯論會的讀者而言，也許過於抽象或者過於專門化，因此，勾勒一下辯論會所討

論的主要問題以及論辯者之間所存在的分歧的基本輪廓、簡單地探討一下佔據二十世紀後半期文化批評與文化理解之核心位置的理論問題、所具有的深遠的意義和內含，或許不無裨益。

二

「詮釋」（interpretation）自然並非二十世紀文學理論家所獨創。由怎樣描述詮釋活動的特徵這一問題所引起的爭論與困惑，在西方具有很長的歷史。這一問題首先是由試圖確立「上帝之言」的意義這一極為大膽的想法所引起的。其近代階段始於十九世紀初，施萊爾馬赫（Schleiermacher）所建立的聖經詮釋學，導致了對「本文的意義」這一問題高度自覺意識的產生；到了十九世紀末，狄爾泰（Dilthey）便將施氏的神學詮釋學進一步走向普遍化和理論化，詮釋在他的理論體系中佔據着非常重要的地位，成為理解人類的精神創造物、探討整個「精神科學」（Geisteswissenschaften）的基礎。

為了更好地理解這次辯論，我們首先必須瞭解它所賴以發生的、最近二三十年來的這個獨特的歷史時期以及在此歷史時期和歷史語境之中學術思想的兩大發展趨勢。首先是一九四五年以來席捲西方世界的高等教育的急劇膨脹給許多問題——譬如，被教育機構界定為「學科」（disciplines）的那些東西的「身份」（identity）與地位的問題——賦予了全新的意義，而這些問題反過來又

大大影響了教育機構在文化發展中的基本作用。在英語世界中，「英國」作為一門學科在此過程中獲得了非常特殊的中心地位，它變得異為靈敏，逾越了那道使其與「門外」讀者隔絕開來的專業高牆，成為一門與普通人的憂樂戚戚相關的學科——這意味着，別的不說，專業領域內的論爭不時地會成為公眾關注的對象和焦點。有個簡單然而卻令人驚異的事實可以表明這一學科受到人們青睞的程度：一九七〇年，在全美三分之二的大學和學院中，英語系乃最大的本科系[1]。

然而，最近幾十年來，傳統上被視為構成這一學科研究對象的「經典」(the canon)以及與此有關的研究方法都受到了強烈的質疑，受到了更為犀利、更為精細的重新審察。其原因是，「經典」以及與此有關的研究方法所賴以形成、所賴以立足的社會觀念與種族觀念在當今世界上不再像以前那樣輕而易舉地享有主導的地位。而美國社會文化的多元性以及支配着個人在美國社會生活中取得成功的市場原則也為其推波助瀾，其結果是，那個第二性的、糾纏不清的觀念的混合物(就是現在被稱為「理論」的那個東西)竟成了知識的中心競技場，在此競技場上，人們沽名釣譽，四處籠罩着一片爭權奪利的戰火與烽煙。對這種學術機制背景的關注也許無益於理解

1　Richard Ohmann, *English in America: A Radical View of the Profession* (New York, 1976), pp. 214–15。歐門在此書中強調了大學中普遍開設的「新生作文」課對這種學科膨脹的巨大影響。如果想獲得更全面的歷史的瞭解，請參見Gerald Graff, *Professing Literature: An Institutional History* (Chicago, 1987)。

關於詮釋問題的論爭所牽涉到的實際內容；然而，如果你想理解人們所投入的熱情與得到的結果之間所出現的明顯的不平衡與強烈的反差，如果你想理解廣大的公眾社會對關於這些神秘莫測的問題的論爭所給予的關注的強烈程度的話，瞭解一下這種學術機制變化的背景就是必不可少的了。

這就把我們的目光引向了學術思維發展的第二大趨勢——這第二大趨勢，我們曾說過，同樣賦予關於詮釋問題的論爭以重大的意義：具有獨特的學術傳統與思維方式的歐洲大陸哲學體系，與重在對文學作品進行精細的批評性解讀、分析與欣賞的盎格魯–撒克遜傳統，發生了激烈的「碰撞」（暗示這兩種傳統彼此之間，能更好地相互理解與寬容這種善良願望的任何其他動詞，都將不無遺憾地對二者發生遭遇的本質，作出錯誤的表述）。同樣，這一發展趨勢也必須從一個更遠的歷史視角去加以探討。在二十世紀英美文學研究不斷追求專業化這個漫長而曲折的路途中，一個非常關鍵的時刻出現了：十九世紀遺留下來的、對文學進行「歷史」考察的研究方法，受到了一種新的批評實踐的強烈挑戰，並在很大程度上為這種批評實踐所代替；這種新的批評實踐受當時勢頭正旺的「科學」方法的影響，試圖對「偉大文學」的經典作品的語言細節進行敏銳而精細的分析——在英國，這種批評實踐是與瑞恰茲(I.A. Richards)的「實用批評」聯繫在一起的〔更遠一點、或者更複雜一點而言，

· 6 ·

斯蒂芬·柯里尼

也與艾略特(T.S. Eliot)，利維斯(F.R. Leavis)，以及威廉·燕卜遜(William Empson)等人的批評實踐有關〕；在美國，則與「新批評」有關，其代表人物主要是蘭塞姆(John Crowe Ransom)，布萊克默(R.P. Blackmur)，沃倫(Robert Penn Warren)，泰特(Allen Tate)，布魯克斯(Cleanth Brooks)和維姆薩特(W.H. Wimsatt)。這種批評實踐最終——特別是在美國——產生了它自己的一套理論體系與價值判斷標準，其核心觀念是將文學作品視為一個審美的客體，認為無依無傍、自由自在地闡述文學本文意義產生的動態機制，正是文學批評家的主要任務。由此核心學說派生而來的一個「次生」觀點是對所謂的「意圖謬誤」的否定：認為作者在寫作文學本文之前的主觀意圖會與確立本文——維姆薩特稱之為「語言符號」(verbal icon)——的意義有關這種看法是一種想當然的錯誤。(這些學說被認為原則上適用於一切文學類型；但人們早已清楚地認識到，它們主要是在對抒情短詩的批評實踐中發展而來的。用這些理論去批評抒情短詩最不會顯露其笨拙之處，因為抒情短詩裏面有着豐富的「張力」與「複義」，而確認並分析這些張力與複義正是新批評家的拿手好戲。)

這種對待文學及文學批評的態度與學說，在五十年代和六十年代英美大學的文學系中逐漸獲得壓倒一切的中心支配地位(雖然這種支配地位從沒有達到壟斷一切、一統天下的地步)。然而，可以想見的是，對於從歐洲

大陸哲學傳統，特別是詮釋學、現象學與結構語言學的傳統發展而來的非正統的意義觀念而言，這是非常難以接受的。尤其是索緒爾(Saussure)語言學理論某些基本觀念向其他領域的滲透及其與列維-施特勞斯(Claude Levi-Strauss)人類學理論的部分結合，更是促使自五十年代晚期以降，在許多研究領域，甚至在人類活動的所有方面，學者都孜孜不倦地致力於尋求隱藏在紛繁複雜的表面現象下面的深層結構，以及反復出現的模型。這種尋找深層結構與模式的做法，與被重新激活了的、對人類活動的可能性進行超驗探尋的「後康德主義」遺產結合在一起，最終導致了一種旨在對意義、對溝通，以及其他的類似主題進行深入精細探討的非常抽象的普遍性理論的產生。(對符號進行研究的符號學或符號科學 —— 艾柯本人即與此密切相關 —— 乃這種趨勢的一個組成部分。至少有兩個領域的學者對此進行了同樣深入的研究：即那些受過哲學訓練和社會科學訓練的學者，以及那些主要是從事文學研究的學者。)將這些普遍性的理念更進一步地描述定位為「後結構主義」的做法，部分地只是出於新聞記者「貼標籤」的需要，但它同時也揭示出：索緒爾對「能指的任意性」的強調，早已成為最近一些理念研究和探索的出發點，特別是雅克‧德里達(Jacques Derrida)對寫作中意義「不確定性」的令人目暈耳眩的研究，更是以其嫻熟而精湛的技巧，將這些理念探索向前大大推進了一步。

斯蒂芬‧柯里尼

這些相互作用的哲學傳統並沒有得到很好的理解和引起足夠的重視，然而，在英美大學中從事文學教學與研究的學者卻對傳播由這些哲學傳統所引發出來的文學觀念充滿了熱情，其結果是使得關於文學研究之性質與目的的論爭不斷升溫，越來越亂，到現在已成眾訟紛紜、爭持難下之勢。在此論爭的過程中，認為確立文學本文的意義乃文學批評與文學研究的合法目的的觀點，受到了非常嚴厲的批評。那種企圖限制意義生成的語境範圍，或是企圖使作品意義生成那無休無止、不斷推衍的不確定性過程停止下來的做法，已被指責為「專制主義」——這種指責本身乃將複雜的理論問題與更為廣泛的政治態度糾結在一起。與此相反，另外一些批評家則提醒人們對此保持高度警覺，認為德里達那樣對認知「確定性」的否定，實際上依賴於「後笛卡兒哲學」的傳統，我們不應以此為標準對所有本文約定俗成、眾所周知的意義可能性，投下懷疑論的陰影。他們指責後結構主義批評家「玩着雙重的遊戲，用自己所宣揚的那一套新的語言策略去解讀別人的本文，而在向讀者傳播自己的那一套方法和標準時，卻又心照不宣地使用着大家都已接受的、約定俗成的方法和標準」[2]，試圖通過指責別人而使自己的理論得到論證。

艾柯選擇詮釋問題作為其演講的主題，旨在在目前

2　M.H. Abrams, "How to do things with texts", *Doing Things with Texts: Essays in Criticism and Critical Theory* (New York, 1989), p. 259.

有關意義的本質以及詮釋之可能性與有限性這個不斷深入的國際性大討論，以及與此相關的其他討論中，鮮明地表明自己的立場。艾柯是六七十年代對讀者在意義生成過程中的作用最熱心、最具影響力的倡導者之一。然而，在其最近的著作中，艾柯卻對當代批評思潮的某些極端的觀念深表懷疑和憂慮，尤其是受德里達激發、自稱為「解構主義者」的美國批評家，所採用的那一套批評方法——這種批評方法主要與保羅·德曼（Paul de Man），希利斯·米勒（J. Hillis Miller）的著作有關——對他而言，這種批評方法無異於給予讀者無拘無束、天馬行空地「閱讀」本文的權利[3]。艾柯認為這是對「無限衍義」（unlimited semiosis）這一觀念拙劣而荒謬的挪用。收集在本書中的文章旨在對此提出異議，試圖探討對詮釋的範圍進行限定的方法，並希望借此能將某些詮釋確認為「過度的詮釋」（overinterpretation）。

出於這一目的，他的第一篇講演首先回顧了西方有關「秘密意義」這一觀念的漫長歷史——這種秘密意義的語言編碼方式，逃脫了除少數專家以外大多數人的注意。回顧的主要目的是為了揭示出某些當代理論的神秘論根源，使其看起來就像是久已存在的某些觀念的重現，好像就是神秘論（Hermeticism）與諾斯替主義[4]曲折歷

3　請參見艾柯將出的論文集 *The Limits of Interpretation*。

4　[譯注]諾斯替主義(Gnosticism)是希臘晚期和基督教早期的一種宗教與哲學思想與實踐，主張神秘的宗教頓悟與救贖。

　　　　　　　　　　　　斯蒂芬·柯里尼

史發展中的當代形式。一種知識類型越是隱秘不宣，人們就越覺得它神乎其神，可望而不可及；你越是一層層地揭開其神秘的面紗，解讀出其隱秘的編碼，人們反而越是覺得它深不可測。因為往往只有進入「前堂」之內才愈覺「後室」不測之深。潛藏在這種詮釋傳統下面一個共同的心理原因是，人們對顯而易見的意義往往持一種懷疑與輕蔑的態度。顯而易見的意義是如此唾手可得，與普通常識簡直沒有甚麼區別，神秘論的追隨者認為，這對他們的地位與智力都是一種致命的浪費與損傷。

在其第二篇演講中，艾柯力圖使自己與神秘論思潮的這種現代形式離得更遠。他相信，我們可以 —— 而且確實能夠 —— 確認出哪個詮釋是「過度」的詮釋，而不必花費精力去證明另一詮釋為「合適的」詮釋，甚至不必依賴於認為一定存在着某「一個」正確詮釋的任何理論。為了證明其論點，艾柯詼諧而風趣地舉了一些很巧妙的例子。最顯著的是十九世紀盎格魯-意大利作家羅塞蒂(Gabriele Rossetti)對但丁進行「羅塞克盧⁵式解讀」的例子。艾柯對美國批評家哈特曼(Geoffrey Hartman)對華茲華斯那首詩的詮釋的分析，也是出於同樣的目的，旨在從另一個角度顯示出哈特曼的詮釋是如何逾越了「合法詮釋」的邊界的，儘管也許更多的讀者會覺得哈特曼的解讀，使人深受啟發而一點也不聳人聽聞。艾柯提出

5　[譯注]羅塞克盧主義(Rosicrucism)是一種特別關注於超自然的神秘符號與現象的神秘主義思想體系，大多數學者認為它源於十七世紀初。

了「作品的意圖」(intentio operis)這個富於挑戰性的概念，認為「作品意圖」在本文意義生成的過程中起着非常重要的作用；作為意義之源，它並不受制於本文產生之前的「作者意圖」(intentio auctoris)，也不會對「讀者意圖」(intentio lectoris)的自由發揮造成阻礙。「作品意圖」的性質、地位和身份似乎還有待於更進一步的探討，然而，從他早期對「經驗讀者」(the Empirical Reader)、「隱含讀者」(the Implied Reader)和「標準讀者」(the Model Reader)所進行的區分出發，艾柯用極富靈思的「作品意圖」這一概念旨在揭示出：文學本文的目的就在於產生出它的「標準讀者」——也就是說，那種按照本文的要求、以本文應該被閱讀的方式去閱讀本文的讀者，儘管並不排除對本文進行多種解讀的可能性。

艾柯的第三篇講演所論述的問題與前兩講直接相聯：「經驗作者」(the Empirical Author)在詮釋「自己的」作品時，是否享有某種特權(這是所有的詮釋理論研究者都不願意輕易放棄的問題)。艾柯接受了為幾十年前的新批評家所看重的下面這個觀點：作者「前本文的意圖」(pre-textual intention)——即可能導致某一作品之產生的意圖——不能成為詮釋有效性的標準，甚至可能與本文的意義毫不相干，或是可能對本文意義的詮釋產生誤導。然而，他的確同時又主張：「經驗作者」必須被授予某種特權，以將某些詮釋摒除於「合法詮釋」之外，儘管他並沒有很清晰地說明這些詮釋之所以要被

斯蒂芬·柯里尼

摒除在外，是因為它是經驗作者「意指」的詮釋，還是由清晰可解、具有說服力的解讀得出來的、可以接受的合理詮釋。使問題變得更為複雜的是，艾柯對《玫瑰之名》一書的「經驗作者」，提出了一些非常有意思的看法——我們知道，這一作品的「經驗作者」正是艾柯本人，而在某種程度上說，他本人又恰恰是這一作品的「標準讀者」。

參加這一辯論會的其他三位學者都從各自不同的研究角度、不同的學術背景出發，對艾柯的講演作出了反應，也就是說其觀點都根植於各自的「前理解」之中，儘管這些「前理解」經常是相互交織在一起的。在過去的二十年中，**理查・羅蒂**——根據美國批評家布魯姆（Harold Bloom）的說法，羅蒂「是當今世界上最有趣的哲學家」——在美國發動了一場雄辯的、狂飆突進式的運動，力圖說服人們放棄處於西方認識論傳統之核心的「對於根基與本原的慾望」（foundationalist aspiration）[6]。羅蒂論述說，我們不應再認為哲學的目的乃探尋「事物的本原」，乃「反映」自然，因此也不應將哲學視為其他學科的基礎；相反地，哲學只不過是參與恆久常新、日新日化的「文化會話」的諸多學科中的一種，只要能滿足我們的目的，適應我們的需要，任何音調，任何語

6　這一運動幾個里程碑式的作品是："The world well lost", *Journal of Philosophy*, 69 (1972); *Philosophy and the Mirror of Nature* (Princeton, 1979); *Consequences of Pragmatism (Essays: 1972-1980)* (Minneapolis, 1982); *Contingency, Irony, and Solidarity* (Cambridge, 1989)。

匯，任何觀點，都可以在此會話中自由地呈現自己，表達自己。羅蒂由此發展出他自己的那一套實用主義觀點——這種實用主義觀點與羅蒂以前的美國哲學家，如威廉·詹姆斯、約翰·杜威等人的觀點密不可分——認為思想、概念等觀念形態的東西，只不過是我們用以實現某些目的的工具，而並非用來表現「世界的真正本質」。從這種前提出發，在對艾柯的觀點進行評述時，羅蒂首先指責艾柯不該將對本文的「使用」與對本文的「詮釋」區分開來。它認為這種區分乃建立在下面這個前提的基礎之上：文學本文具有某種「本質」，對本文的合法詮釋即以某種方式去發掘、去闡明那個本質。羅蒂要求我們徹底放棄這種力圖去發現「本文的真正本質」的想法；相反地，他要求我們認真地去思考我們通過各種不同的方式而得到的、對我們有用的形形色色的「表述」本身。羅蒂所發動的那場大規模的理論運動一個值得注意的特徵是，他以一種獨特的方式，以一種用他自己的話說是他所「偏愛的詞匯」，對傳統的理論問題進行了全面的重新描述，並且使他下面的這個觀點也得到了很好的證明：人們逐漸發現，學術研究之所以能不斷發生變化和取得進展，乃由於新的詞匯、新的概念和新的術語的不斷使用——這些新詞匯、新概念和新術語比以前的詞匯、概念和術語更有用，更有趣，更具啟發性——而不是由於對以前的觀點進行逐條的批駁和否定。（在任何情況下，要想有效地對某種觀點進行反駁都

斯蒂芬·柯里尼

不得不在表述了這種觀點的現存概念和術語中去尋求支持。)這就使得他能夠以一種刻意的漫不經心的態度——對這種態度，有人激奮不已，有人怒不可遏——宣稱，大量在歷史上久持不下的問題已經再也引不起他的興趣。就目前所討論的詮釋問題而言，羅蒂認為，對「本文是如何運作」這一問題的探討是大錯特錯、毫不值得的，作為快樂的實用主義者，我們對這樣的問題應該棄而不顧。我們只應該探討本文的「使用」問題，以使其更好地服務於我們的目的。(無論如何，根據他的看法，這是我們所能做的唯一一件事。)羅蒂這一觀點無疑將冒很大的風險，因為事實表明：這種觀點如火上加油，使關於詮釋問題的爭論不斷升温，不斷激化。

同時，羅蒂似乎也並不完全同意所有本文以及本文所具有的所有目的，都處於完全平等的地位，因為他偏愛那些「將幫助你改變你的目的、並因而改變你的生活」(頁133)的本文。在其論文接近末尾處，羅蒂為文學批評描繪出了一幅動人的圖景：這種文學批評並不是用一個精心建構起來的、堅不可摧的概念的大柵欄去梳理它所解讀的一切東西，相反地，它是批評家「與作者，人物，情節，詩節，詩行，或某個古代雕像相遭遇的結果；這些東西改變了批評家對『她是誰，她擅長於甚麼，她想怎樣對待她自己』等一系列問題的看法；這種遭遇重新調整或改變了她的意圖和目的」(頁134)。這裏似乎暗示着對「偉大的文學」之所以能保持永久魅力的

原因的新解釋；然而，無論如何，去探討那些沒有自己的「本質」、只是由於符合了我們的目的，才得到我們的描述的事物，是如何對這些目的產生出一種反向作用力——這種反向作用力是如此之強大，以至於能成功地重新調整或改變讀者的意圖和目的——總是十分誘人的。

喬納森‧卡勒的論文同時針對艾柯與羅蒂兩人的觀點展開論述。近年來，關於「元文學」的論爭（metaliterary disputes），受到了北美學院化文學研究的極大關注，形形色色的研究方法被冠以「理論」的總標籤[7]。卡勒一直是許多新思潮的積極倡導者和擁護者，在某種程度上說，也是其辯護者。從這個前提出發，他的這篇文章旨在為被艾柯指責為「過度詮釋」的東西進行辯護（同時，他敏銳地注意到，艾柯在文學批評和小說創作方面的大量作品之所以具有長盛不衰的魅力，正在於他對「神秘的符碼」的不懈追求；但奇怪的是，這種神秘符碼卻正是艾柯第一篇講演所批評的對象）。他認為，某些被艾柯指責為「過度」詮釋（overinterpretation）的東西，作為「不足」詮釋（underinterpretation）來理解也許更合適。但概而言之，卡勒並不願意讓作品本文來為我們所討論的詮釋問題設立某種界限：我們總是可以就本文所「未曾」說出來的東西提出許多有趣的問題，我們

7　參見 *Structuralist Poetics* (Ithaca, NY, 1975); *On Deconstruction: Theory and Criticism After Structuralism* (Ithaca, NY, 1982); 以及 *Framing the Sign: Criticism and Its Institutions* (Norman, OK, 1988)。

　　　　　　　　　　　　　　　斯蒂芬‧柯里尼

因而無法事先對這些有待於我們去發現的問題的範圍進行限定。針對艾柯認為解構理論濫用了「無限衍義」(unlimited semiosis)這一觀念的指責(艾柯因而將某些詮釋打入「武斷的詮釋」之另冊),卡勒聲辯道,解構理論並不否認意義受制於語境(因而在任何給定的語境中它都不是無限的),只不過我們無法事先確定這種語境 —— 因為從原則上說,語境自身是無限的。

不僅如此,卡勒進一步指出,對本文運作的一般過程 —— 比如,敘事怎樣達到其效果,文類怎樣對讀者的期待視域進行限定等 —— 進行理論反思,這一行為本身,又可能成為產生一系列新問題的源泉。歸根到底,正是由於這個原因,卡勒才不願意接受羅蒂那種非常武斷的理論:羅蒂認為,我們只要能「使用」本文就心滿意足,而不必過多考慮本文的意義產生機制。卡勒相信,「作為一個學科的文學研究的目的,正在於努力去理解文學的符號機制」(頁148)。這種觀點使人們更加注意到為羅蒂那一派實用主義批評家所貶抑的那些研究方法,儘管那種認為理解本文的運行機制是「作為一個學科的文學研究」目的之所在的觀點,很難得到所有與此學科有關的人的贊同;同時,它還能幫助我們理解,這種觀點為甚麼在專業研究領域內,會如此橫遭物議,爭執不休。卡勒的文章還觸到另一更為敏感的問題(這一問題可能會令某些人大動肝火,暴跳如雷):他認為,實用主義者,如羅蒂或斯坦利‧費施(Stanley Fish),要求我們

不要老是去問那麼多「問題」的這種觀點，實際上是想過河拆橋，想一腳踢開他們自己藉以爬上學術研究頂峰的梯子，徹底否定這種「梯子」對後人的作用。卡勒希望理論「問題」能在學科化的文學研究中，取得越來越強（而不是越來越弱）的中心支配地位；為了達到這一目的，他敦促我們對「本文的運作機制以及詮釋」問題保持寶貴的好奇心，進行不倦的探索。之所以要進行這種探索，最終原因似乎是，它有可能激勵人們對文學本文作出新的「發現」。卡勒所反對的是任何諸如「作品意圖」之類的概念，這種概念通過將某些詮釋指責為「過度詮釋」，而對這種潛在的新的「發現」的範圍事先進行了限定。

論辯另一個參與者**克里斯蒂娜·布魯克-羅斯**關注的卻並不是這些理論性的問題，她關注的是某些作品（比如艾柯的小說），所屬的那種特殊文類的性質和目的，她將這種文類命名為「寫在羊皮紙上的歷史」（palimpsest history）。作為一個小說家兼批評家，她本人對現代主義和後現代主義敘事的可能性進行了認真的探索並拓展了其範圍，她堅決反對任何試圖回復到那種單調乏味的現實主義，並將其作為文學批評標準的做法[8]。她的論文首先對現代小說運用歷史題材和重新闡釋歷史的方法進行

8　參見 *The Christine Brooke-Rose Omnibus: Four Novels* (Manchester, 1986), *Amalgamemnon* (Manchester, 1984)，以及 *Xorander* (Manchester, 1986)；其論文主要收集在下面這個集子中：*A Rhetoric of the Unreal: Studies in Narrative and Structure, Especially of the Fantastic* (Cambridge, 1981)。

　　　　　　　　　　　　　　　　斯蒂芬·柯里尼

了歸類——這些方法往往打亂時空順序，以對集體的、民族的歷史，進行重新創造和改寫(在某些情況下這種創造和改寫具有明顯的自覺意識)。她將論述的重點放在薩爾曼‧魯西迪(Salman Rushdie)的作品上面，並由此進一步向深處拓展，認為那些常被冠以「魔幻現實主義」標籤的小說(她本人將其歸入「羊皮紙上的歷史」)特別適合於我們這個電視與電影風行一時的時代，因為這類小說能做「只有小說才能做的事情」，並因而能「將我們心智的、精神的，以及想像的視野拓展到極致」(頁172)。

論辯之後，進行了非常熱烈的討論，討論的焦點集中在羅蒂的實用主義理論上。許多學者對他的觀點持有異議。在某種程度上說，這是針對羅蒂本人那種富於挑戰性的、從因果聯繫出發的研究姿態的，因為羅蒂試圖將許多已經得到人們普遍認同的觀念扔進歷史的垃圾堆。譬如，艾柯用「作品意圖」這一概念來限制本文詮釋具有的無限豐富的可能性。羅蒂則反對這一做法，他說，據他看來，「本文的連貫性是在詮釋車輪最後一圈的轉動中才突然獲得的」(頁122)。然而，儘管他故作漫不經心瀟灑狀，「偶然」二字卻洩露了他的天機：這正是羅蒂的辯論對手感興趣的問題。不少論者試圖重新確立「詮釋」與「使用」之間的界限，對「本文能夠對某一特定的『先在用途』(pre-existing use)產生抵制」，以及「文學可能具有某些特殊的作用」這些實用主義的

觀念提出了質疑。實用主義者關於甚麼「有趣」、甚麼「無趣」的看法，也遭到了一些人的抨擊，認為無法將其作為詮釋有效性的判斷標準。一些在場的小說家兼批評家，比如布雷德伯里（Malcolm Bradbury）和大衛·洛奇（David Lodge），對艾柯力圖為詮釋設定範圍和界限的願望顯然心有戚戚焉，他們認為作家本人的寫作實踐本身就已經為其作品的詮釋設定了界限，因為它可以對作品為甚麼會寫成這樣而不是那樣的原因作出一定的解釋。這反過來又引發了對於另外一些更棘手的問題的討論：比如，為甚麼某些讀者不可避免地要比另一些讀者更「能幹」？當作品成功地獲得了廣泛的讀者群時，我們是否可以代表某一讀者群（community of readers）說話？關於這些問題的討論是無法窮盡的，就像對某些作品的詮釋是無法窮盡的那樣。然而，事實又一次證明，時間因素所起的作用比寫作行為本身更難以控制。

在對這些質疑和討論的「應答」中（同樣被收入本書），艾柯既不完全贊同羅蒂的觀點，也不完全同意卡勒的看法。他再一次重申：本文自身的特質確實會為合法詮釋設立一定的範圍和界限。他並不認為存在某種「形式」方面的標準，據此標準我們可以用理論化的術語對這些界限加以確認；相反地，他求助於一種「文化達爾文主義」的策略：認為在「歷史選擇」的過程中，某些解釋自身會證明比別的解釋更能滿足有關讀者群的需要。他同時指出，所有與會者，不管其公開聲稱的理論

斯蒂芬·柯里尼

觀點如何，實際上都會在同一作家所創作的諸多文學本文的背後，去尋找某種連貫的、一致性的東西；因此，他認為自己在解釋某些作品時應該佔有一定的優勢，這些作品是：《玫瑰之名》、《福柯的鐘擺》，還有根據其丹納講座編輯而成的、現在已經被我們命名為《詮釋與過度詮釋》的這個論文集。

三

三十年前，在論及自己所從事的現代文學教學工作時，特里林(Lionel Trilling)曾這樣說過：

> 我本人通常將文學情境視為一種文化情境，將文化情境視為精心設置的、重大的倫理問題之爭；這種倫理問題之爭與偶然獲得的「個人形象」有關，而個人存在之意象則與作者的寫作風格有關：在表明這一點之後，我感到我就可以自由地從我認為是最重要的問題開始——作者的愛憎，他的意圖，他想要的東西，他想要發生的事。[9]

此後三十多年間文學研究領域內所進行的論爭幾乎徹底否定了特里林的上述所有看法。乍一看，這段話就像它

9　Lionel Trilling, "On the Teaching of Modern Literature"，以 "On the Modern Element in Modern Literature" 的題目首次發表於 *Partisan Review* (1961)，以後又被收入他本人的 *Beyond Culture: Essays on Literature and Learning* (New York, 1965), p.

同時代的老牌汽車和老式服裝一樣地陳舊。(特里林的「類存在主義」用語,如認為倫理問題與偶然獲得的「個人形象」有關,雖然或許並不是他的同時代人所共有的,似乎卻不可否認地正在我們這個時代「風行」。)然而,儘管在用詞和具體的所指上存在着差異,最近關於詮釋問題的論爭(本書是此爭論的一個組成部分)卻顯示出「文化情境」、「倫理問題」、「個人形象」與文學風格之間,現在仍然沒有推動其聯繫,即使是最為頑固的理論堡壘也會被這種聯繫攻破。這即使從似乎一點兒也不支持這種觀點的理論表述那裏,也可以得到簡明的例證。

理查·羅蒂「實用主義之進程」一文保持着其近期著作的慣有風格,非常嫻熟地表明了他所推崇的學術態度與倫理態度。他有意識地從實用主義的角度出發,力圖從非正式的日常用語中發現新的意義內含,以避免使用過多的術語,並因而使人的目的回歸到舞臺的中心。他謹慎的措辭與小心翼翼的表述本身,就很好地證明了他下面的這一觀點:我們需要在不同的術語中進行選擇。他經常這樣寫道:「我個人認為……怎樣怎樣」,「我們實用主義者寧可希望德曼並沒有做……」,而不使用那些更為傳統的說法,比如「……怎樣怎樣」,「德曼做錯了……」;正如他在表明自己的哲學觀點時會使用「我最喜歡的語言哲學」這種委婉的說法,而不用被冗繁的根基論(foundationalist)弄得亂七八糟的那些

斯蒂芬·柯里尼

術語。他經常使用第一人稱的複數形式「我們」，這個詞對他似乎有着一種魔咒般的魅力 —— 「我們所感興趣的是」，「我們實用主義者」，「我們戴維德遜主義者和我們費施主義者」 —— 儘管所論問題的具體內容表明，這完全是在故意套近乎。我在前面說過，當我們面對認為一種活動或研究的價值與意義僅僅取決於「我們所感興趣的東西」這種觀點時，我們(也許，是一群「非羅蒂論者」)會感到有一種想更多地瞭解是甚麼東西決定着「有趣」這一概念、更多地瞭解我們為甚麼能夠按照自己的興趣和利益，對不同觀點進行判別和裁決的必要。

羅蒂文章中那個「隱含的實用主義者」雖然滿口家常白話，但卻不乏自我創造之雄心。這種雄心可以從他對「事先知道你想從一件事、一個人或一個本文身上得到甚麼」與「希望這件事、這個人或這個本文將幫助你改變你的意圖……並因而改變你的生活」(頁1336)二者之間差別的論述中看出來。這裏確實隱含着某種「個人形象」，正如他給予高度評價的「與本文的遭遇」 —— 這種遭遇可以使讀者進入「狂喜或心神不寧」(頁133)的境地 —— 隱含着某種個人形象一樣。在別的地方，羅蒂曾對一種哲學觀念深表贊同，這種哲學觀念「也許會改變我們的生活，而不是為我們的習慣提供根據和保證[10]。從中同樣可以看出某種力圖創新、力圖不斷再創造自己

---

10 Richard Rorty, "Philosophy and Post-modernism", *The Cambridge Reiview*, 110 (1989), 52.

的願望——這種願望的歷史(羅蒂可能會說)從學術的角度而言可以一直追溯到尼采,但更顯然的是,它正好與那種日常化的美國新觀念相契合了:我們可能擺脫歷史的束縛,不管是集體的歷史,還是個人的歷史。與此伴隨而來的對於創新的樂觀態度,表明它已經對難以駕馭的學術傳統——正如對難以駕馭的社會結構一樣——失去了耐心。儘管其「反哲學」的論辯不時閃爍着智慧的光芒,儘管其文化批評具有着某種發人深思的普遍性,羅蒂的「反本質論」(anti-essentialism)卻存在着重大的局限:這一局限可能會導致某種反理性主義的傾向。忽視那些「我們實用主義者」認為不值一提的問題,可能會導致學術研究視野的緊縮。正如艾柯和卡勒二人所同時指出的,對於「語言是如何運作」或「本文是如何運作」這一問題的興趣非常合乎情理。這一問題用這種方式表達出來,羅蒂可能並不會反對,但他對此卻並不熱心,因為他立即就會轉而聲稱,這種研究「不能告訴你有關本文的本質或閱讀的本質的任何東西。因為,它們根本就沒有本質」(頁131)。

卡勒的文章明快、嚴謹而有條不紊,但也並不是不偏不倚、四平八穩,裏面同樣暗含着作者的傾向性、力圖創新的願望(也許甚至是責任);向一切牢固確立起來的想當然的信念提出挑戰的勇氣和膽識;對學術研究以及社會結構中所隱藏着的權力的高度警覺——這些無疑都是至關重要的人文價值。它們同時表達出一種「認同

斯蒂芬·柯里尼

感」，這種認同感的一個突出的特點是，對一個人的學術背景與政治背景、對一個人的理論「立場」有着高度清醒的自覺意識。舉例來説，當卡勒斷定，「正如大多數智識活動一樣，詮釋只有走向極端才有趣」(頁138)時，我們要能夠從這一論述所採用的極為普通的形式中確認出，卡勒在此實際上想要表達的意思：我們應該向尼采學習，對學術研究領域內那種四平八穩的傳統不必過於畢恭畢敬，不必過於虔誠(儘管也許會冒着一定的危險，因為這樣會導致對甚麼才算「有趣」這一問題產生一些非常孩子氣的離奇想法)。

毫無疑問，卡勒在指責羅蒂過河拆橋、踢掉學術研究的「梯子」時，明確地引進「同行」這一話題是非常合適的。原因是，卡勒將對「過度詮釋」的辯護，與對「年輕人或處於邊緣地位的人」如何才能「對那些目前佔據着文學研究權威地位的人的觀點進行挑戰」(頁150)這一問題的關注聯繫在一起，而這無疑會對解決那些一心想在專業的文學研究領域，特別是在美國學術界這個充滿激烈競爭、不斷追求新的時尚的大「市場」中，出人頭地的年輕人所面臨的困境大有裨益。簡而言之，這一困境可以這樣來表述：迄今為止，所有傳統上被視為「經典」的文學作品都已經被研究透了；要想在此研究領域取得成功、要想出人頭地，其首要條件是必須不斷創新，不斷標新立異，僅僅滿足於在那些著名的文學作品的現有詮釋中去挑選、去論證哪些詮釋是最有説服

力的詮釋是不夠的。許多非經典的材料在向我們招手，許諾着誰能提出新的解釋，誰就有機會更進一步接近那誘人的處女地。這如同許多政治資料與歷史資料的發掘一樣，需要一代一代人不懈的努力。對於那些一心想很快建立學術聲名的年輕學者而言，這樣做必須冒一定風險。但好處是：儘管這些新的解釋仍會被視為微不足道或不着邊際，但通過對那些無可爭議地處於中心地位的作品作出新的解釋，他們引起了學界的注意，同時被詮釋的作品也又一次獲得了新的生命。因此，只要在研究方法上能夠創新（至少是表面上創新），措辭用語能富於刺激性，就會受到很高的評價（這與所有其他學術活動的動機都不一樣，這些學術活動追求的是人類理解力的不斷拓展而不是新鮮的刺激）。卡勒本人，不僅在這篇文章而且在他所有批評論著中，都大力為那些新的解讀，以及有助於產生這些新的解讀的研究方法和策略進行辯護。但不可否認的是，在他用以描述目前的「文化情境」的那些術語的背後，不可避免地隱藏着自己隱秘的「個人形象」（再一次借用特里林的說法）。

自然，有人會反對任何有關「倫理問題」和「個人形象」的話題，認為這類話題不可救藥地染上了太多的「人文主義」的色彩，認為存在着某個無所不知的「前語言的主體」，而且這個主體具有某種先天的給定性（givenness），這種人文主義觀念的遺留物，現在已經受到了普遍的懷疑。然而，值得注意的是，用來描述這

　　　　　　　　　　　斯蒂芬·柯里尼

種觀點的語言本身仍然是很值得爭議的。不僅如此。所有試圖使用一套「後人文主義」(post-humanist)話語，以對傳統人文主義話語進行顛覆的努力，都必然表達着某種對於人類經驗的態度：這種態度只能被稱為「倫理的」態度。即使是對「意義的開放性」的偏愛，對「權威詮釋」的遺棄，以及隨之而來的對「永無止境的自我創新」的推崇，對「墨守成規的本質論」的貶抑，實際上都求助於某種價值判斷，不管這種價值判斷是如何隱而難見。我指出這一點的目的只是想點明進一步展開討論的可能途徑，並非試圖作出甚麼結論。同時它也暗示出，文章開頭提到的那位委員會成員大可不必那麼憂心忡忡：詮釋與過度詮釋的話題，無論從那個方面來說都深深地觸及到了「人文價值」的問題。這本論文集中的文章所顯現的勃勃生機和多姿多彩的魅力，將會有力地證明這一點。

—— 1 ——
詮釋與歷史

昂貝多・艾柯

一九五七年，伽斯蒂勒(J.M. Castillet)寫了一本書，書名為《讀者的時代》[1]。他真是一位預言家。一九六二年，我寫了《開放的作品》(*Opera aperta*)一書[2]。在書中，我肯定了詮釋者在解讀文學本文時所起的積極作用。我發現讀者在閱讀這本書時，注意力主要集中在作品所具有的開放性這一方面，而忽視了下面這個事實：我所提倡的開放性閱讀必須從作品本文出發(其目的是對作品進行詮釋)，因此它會受到本文的制約。換言之，我所研究的實際上是本文的權利與詮釋者的權利之間的辯證關係。我有個印象是，在最近幾十年文學研究的發展進程中，詮釋者的權利被強調得有點過了火。

在我最近的著作中[3]，我仔細地考察了皮爾士(Pierce)關於符號「無限衍義」(unlimited semiosis)的觀念。在哈佛大學召開的「皮爾士國際學術研討會」(1989年9月)的發言中，我曾力圖表明，從「無限衍義」這一觀念並不能得出詮釋沒有標準的結論。說詮釋(「衍義」的基本特

1　J. M. Castillet, *La hora del lector* (Barcelona, 1957).

2　英文名為 *The Open Work* (Cambridge, MA, 1989)。

3　《符號學原理》(1976)《讀者的作用》(1979)和《語義學與語言哲學》(1984)，均由印第安那大學出版社出版。

徵)潛在地是無限的並不意味着詮釋沒有一個客觀的對象，並不意味着它可以像水流一樣毫無約束地任意「蔓延」[4]。說一個本文潛在地沒有結尾，並不意味着每一詮釋行為都可能得到一個令人滿意的結果。

某些當代批評理論聲稱：對本文唯一可信的解讀是「誤讀」（misreading）；本文唯一的存在方式是它在讀者中所激起的系列反應；本文，正如托多洛夫在引述別人的觀點時所說，只是一次「野餐」會：作者帶去語詞，而由讀者帶去意義[5]。

即使情況真的如此，作者所帶去的語詞也是一個令人棘手的、裝滿五花八門的材料的「大包袱」，讀者不可能將其置之不顧。如果我記得不錯的話，正是在這裏，在英國，有人認為，我們可以用語詞去「做事」[6]。對本文進行詮釋意味着對組成本文的語詞為何可以通過這種方式去做「這些」事(而非「那些」事)的原因作出解釋。然而，如果「分裂者傑克」（Jack the Ripper）告訴我們他的所作所為皆以聖路克（Saint Luke），對福音書的詮釋為依據的話，我想許多以讀者為中心的批評家會認為他對聖路克的解讀非常荒謬。非讀者中心的批評家則會說，「分裂者傑克」瘋得不可救藥——我坦率地承認，儘管我對讀者中心的詮釋範式深表同情，儘管我讀

4　參見艾柯將出的《詮釋的局限》(*The Limits of Interpretation*)一書。

5　T. Todorov, "Viaggio nella critica americana", *Lettera*, 4 (1987), 12.

6　[譯注]參見「導論」注2。

過庫柏(Cooper)，蘭戈(Laing)以及伽塔里(Guattari)等人的作品，但非常遺憾的是，我認為「分裂者傑克」的頭腦的確有問題，的確需要找個精神病醫生去好好看一看。

我明白這個例子很勉強，因為即使是最為激進的解構論者也會同意這種看法的(我的確希望如此，但誰知道呢！)。然而，我認為即使是這樣一個矛盾百出的觀點也需要認真地加以對待。它至少證明存在着這樣一種可能性：我們可以斷定，某個詮釋是很糟糕的詮釋。根據波普爾的科學理論，這就足以對詮釋沒有共同的標準這一假說(至少從統計學上說如此)進行「證偽」。

有人可能會反駁說，唯一能代替激進的、以讀者為中心的詮釋理論是這樣一種理論：這種理論認為，詮釋的唯一目的是去發現作者本來的意圖。我在最近的一些文章中曾經提出，在「作者意圖」(非常難以發現，且常常與本文的詮釋無關)與「詮釋者意圖」——用理查‧羅蒂的話來說，詮釋者的作用僅僅是「將本文錘打成符合自己目的的形狀」[7]——之間，還存在着第三種可能性：「本文的意圖」。

在第二和第三講，我將努力說明我所用的「本文意圖」一詞到底是甚麼意思。在本講中，我想首先回顧一下當代理論界關於本文意義(或意義的多元化，或超驗意義的缺失)問題的爭論的歷史淵源。因此，請允許我暫且

7　Richard Rorty, *Consequences of Pragmatism*, Minneapolis, University of Minnesota Press, 1982), p. 151.

對文學本文與日常生活本文之間、作為世界表象的文學本文與(根據我們的傳統)自然界這個有待解碼的「大本文」之間的差異，不作明確的區分。

現在，請允許我開始我們的「考古」旅行。乍一看，這個旅行會使我們逐漸遠離當代關於本文詮釋的理論。但事實卻與此相反，當我們的旅行結束時，你會看到大多數所謂的「後現代」理論都有非常古老的歷史淵源。

一九八七年，我應法蘭克福書展負責人之邀在書展上做一次介紹性的演講，書展的負責人建議我講一講現代非理性主義(他們可能認為這確實是個非常時髦的話題)。我一開始就說，如果沒有「理性」(reason)這個哲學概念，「非理性主義」(irrationalism)是非常難以界定的。然而，令人遺憾的是，整個西方哲學的歷史發展表明，對「理性」的定義是難以找到的。任何一種思維方式總是被另一種思維方式視為非理性，而將自己視為理性。亞里士多德的邏輯不同於黑格爾的邏輯；*Ratio, Ragione, Raison, Reason*與*Vernunft*[8] 指的並不是同一個東西。

理解哲學概念的一個常用方法是回到這個概念在字典裏面的一般意義。在德語裏，我們發現，「非理性」的同義詞是*unsinnig, unlogisch, unvernünftig, sinnlos*；在英語裏，它們是：senseless, absurd, nonsensical, incoherent, delirious, farfetched, inconsequential, disconnected, illogic, exorbitant, extravagant, skimble-skambe。對於要求有嚴格界

8　[譯注]這幾個詞分別是拉丁文、法文、英文、德文「理性」的意思。

　　　　　　　　　　　　　昂貝多·艾柯

定的哲學概念而言，這些詞語顯得似乎要麼太寬泛，要麼太狹小。然而，所有這些詞語都表明了某種共同的東西：對為某個標準所設定的界限的超越。「不合理」的反義詞之一是「合式」（moderateness）。合式意味着合符某種 *modus*（模式）——也就是説，在某種界限之內，因而會受到一定的制約。這個詞使我們想起從古希臘文明和拉丁文明那裏繼承過來的「肯定式」的邏輯原則（*modus ponens*）。

這使我認識到了 *modus* 這一拉丁概念的重要性。儘管它並不能在理性主義和非理性主義之間確立某種界限，但它至少可以用來區分兩種基本的詮釋態度，即兩種符號解碼方式，不管被解釋的對象是「作為世界的本文」還是「作為本文的世界」。對於自柏拉圖到亞里士多德的希臘理性主義而言，獲得知識意味着理解產生這個知識的原因。因此，對上帝進行界定意味着對某個終極原因進行界定：在此原因之外再也沒有其他原因存在。為了能夠根據「原因」對世界進行界定，我們有必要理解「綫性運動」這個觀念：如果一個運動的方向是從A到B，那麼世界上就沒有甚麼東西能夠使它從B到A。為了能夠確證因果鏈的綫性性質，我們首先有必要確立一系列的原則：比如，同一律（A等於A），矛盾律（某物不可能同時是A又不是A）和排中律（A要麼真，要麼假，沒有第三種可能性存在）。從這些原則出發，我們能夠推導出西方理性思維的典型模式，即前面所説的「肯定式」：「如果P，那麼Q；因為P，所以Q。」

儘管這些原則本身並不能賦予世界一個物質秩序，但它們至少可以提供某種社會契約。拉丁理性主義採納了希臘理性主義的原則，並且在法律層面和社會契約層面上改造並豐富了它們。法律的標準就是一種 *moudus*，*moudus* 也就是限制，就是界限。

　　拉丁人念念不忘於「空間界限」這一情結，可以一直追溯到關於羅馬城建立的傳說：羅馬勒斯[9] 確立了一條邊界；他的兄弟觸犯了這一邊界，於是他就殺了他的兄弟。不確立邊界，就不可能存在城邦（*civitas*）。賀拉提烏斯[10] 之所以成了英雄，是因為他設法將敵人阻攔在邊界之外——摧毀了連繫羅馬與外界的一座橋。橋褻瀆神明，因為它跨越於護城河之上（護城河為城市設立了邊界，因此跨越於護城河之上的橋就意味着對邊界的超越）：由於這個原因，橋的建造可能只有在大牧師[11] 的直接控制與監督下才能進行。帕斯·羅馬納（Pax Romana）與愷撒·奧古斯都（Caesar Augustus）的政治觀點正是立足於對邊界的準確定義之上：帝國的力量存在於知道防綫應該建在那一條邊界綫上。如果邊界界定不明，如果野蠻人（指游牧部落，他們不斷放棄自己的領地，遷移到別人的土地

9　[譯注]羅馬勒斯(Romulus)，傳說中羅馬的締造者。

10　[譯注]賀拉提烏斯(Horatius)，傳說中的羅馬英雄。他將入侵的敵人阻在河灣之內，同時羅馬人摧毀了他身後的一座橋，使得敵軍無法通過。從河中游回來後，他得到的獎賞是：盡其所能在一天內犁的地都歸他所有。

11　[譯注]the Pontifex，羅馬宗教裏最高的牧師，宗教事務的主管。基督教建立後稱為教皇。

　　　　　　　　　　　　　　　昂貝多·艾柯

上，然後又將其放棄，再繼續往別的地方遷移)成功地實現了自己的生活方式，那麼羅馬就徹底完蛋了，帝國的首都將被迫移往他處。

裘力斯‧愷撒(Julius Caesar)在「穿越盧比孔」[12]時，不僅明白他是在褻瀆神明，而且明白，一旦他這樣做了，就義無反顧，再也沒有回頭的餘地。實際上，不僅空間具有界限，時間也有界綫。覆水難收，昨日不再，時間的綫性秩序不可回復。這一原則在拉丁句法中起着決定性的作用。拉丁句法的時態和語序都遵循着綫性發展的原則。這表明，某件事一旦被完成或被提出，它就有可能永遠消失，再也不會進入人們的思維之中。

托馬斯‧阿奎那(Thomas Aquinas)曾經很想知道，一個失去處女貞操的女人是否可能回復到她原來的處子狀態(*quaestio quodlibetalis*, 5.2.3.)。阿奎那的答案非常清楚：上帝可能會寬恕她，重新使她獲得處子優雅柔美的氣質；有時甚至會發生奇蹟，上帝會重新給予她肉體上的完整性。但即使是上帝也不能使未曾發生的事情發生，因為違反時間規律有悖於上帝的本性。上帝也不能違反下面這一邏輯原則：這一原則認為，「P已經發生」與「P沒有發生」不可能同時成立。

希臘與拉丁的這種理性模式至今仍然支配着數學、

---

12 [譯注]crossing the Rubicon —— 盧比孔係一小溪名，在羅馬時代乃與古意大利之間的邊界綫。公元前四九年，愷撒不顧元老院的反對，毅然穿越此邊界向龐貝發動進攻。他明白自己別無選擇：要麼征服龐貝，要麼死亡。後來，這一詞就用來指破釜沉舟、背水一戰的行為。

邏輯學、自然科學以及電腦的程式設計。但這並非我們所說的「希臘遺產」的全部。亞里士多德屬於希臘，但「埃留西斯神秘教派」[13] 也屬於希臘。希臘社會一直非常迷戀「無限」這一概念。無限也就是沒有 *modus*。它逃離了規範的制約。受無限這一觀念的吸引，希臘文明除了擁有「同一」的概念與「矛盾」的概念之外，它還發展出「無限變形」的思想。其突出代表是赫爾墨斯（Hermes）。赫爾墨斯變幻無常，模棱兩可；他是藝術之父，又是「劫掠之神」。我們發現，赫爾墨斯神話否定了同一律、矛盾律與排中律，其因果鏈狀如螺旋，不斷回復到自身：「後」可能發生在「前」之前，因為他經常在同一時間、以不同的面目、在不同的地方出現。

赫爾墨斯在公元二世紀取得了巨大的成功。公元二世紀政治上穩定而和平，帝國的所有民族似乎都被一種共同的語言和文化凝聚在一起。社會如此井然有序，再也沒有人希望通過任何政治或軍事的力量去改變這種秩序。在這一時期，「普遍教育」（general education）的概念得到了界定，其目的是生產能精通所有學科的「完人」。然而，公元二世紀又是一個許多種族與許多語言交融會合在一起的雜亂的世界，一個不同民族與不同觀念相交的「十字路口」。在這個元雜合的世界中，所有的神都雜居在一起，各種各樣的神都能佔有一席之地。這

13　[譯注]the Eleusinian Mysteries，古希臘的主要秘密教派。埃留西斯係古希臘一城市名，距雅典西北約二十公里。

昂貝多 · 艾柯

些神一開始對於崇奉它們的民族而言，具有着非常重要的意義，然而當它們所庇護的國家被帝國吞併之後，它們的「身份」(identity)也就隨之被消解了：在自然神(Isis)，蛤屬愛神(Astartes)，收穫女神(Demetra)，自然女星神(Cybele)，阿奈提斯(Anaitis)和蜘蛛蟹神(Maia)之間，不再存在任何區別。

我們都聽說過哈里發(Caliph)的傳說，他叫人燒毀了亞歷山大圖書館，並為其行為詭辯說：要麼，圖書館的那些書籍發表了《可蘭經》同樣的意思，這樣一來它們就是多餘的；要麼，它們表達了不同的意思，這樣一來它們就是錯誤的、有害的。哈里發知道甚麼是真理並且佔有了真理，他根據他的真理對那些書籍進行了審判。但另一方面，公元二世紀的神秘主義卻在尋求一種連它自己也不知道的真理，而它所擁有的唯一武器就是書籍。因此，它想像或希望每本書都包含某種真理，並且希望這些真理能夠相互印證。在這種調和論的影響下，作為希臘理性主義原則之一的排中律遇到了危機。有可能同時有許多東西是正確的，儘管它們之間可能會相互抵觸。但如果書籍告訴我們真理(儘管這些真理會相互抵觸)，它們的每一個字、每一個詞都將是一種暗示、一種隱喻。它們表達着與其字面意義不同的東西。它們包含某種信息，這種信息它們之中沒有那一個能單獨予以揭示。為了能夠理解書籍中的神秘信息，有必要去尋找某種超越於人類之外的啟示：這種啟示將由「神性」自身

通過形象、幻夢或讖諭的方式加以顯現。然而，這樣一種聞所未聞、史無前例的神性啟示將不得不涉及到下面這兩個因素：一個至今仍然未知的神，以及一個至今仍然秘而不聞的真理。秘密的知識就是深刻的知識（因為只有藏於表面之下的東西才能永遠保持其神秘性）。於是真理就被等同於未曾言說的東西或隱約其辭的東西，它必須超越於本文的表面之外，或深入到其表面之下才能得到理解。神以一種隱秘難解的方式「言說」（現在，我們不說神言說，而說存在言說）。

順便說一下，如果對不同的真理的探求一定意味着對希臘古典遺產的懷疑，那麼，任何真正的知識都會顯得更加古老。這種知識就隱藏在被希臘理性主義的先驅者所忽視的文明的廢墟裏面。真理從一開始就與我們朝夕相伴，除非我們已經將其遺忘。但即使我們真的將其遺忘了，也一定有人已經將其拯救了起來，只不過這個拯救它的人所使用的語言我們現在已無法理解。因此，對我們來說，這種知識就可能具有某種異國情調。榮格（Jung）曾經解釋說，任何神性形象如果由於我們對其過於熟悉而失去了其神秘性的話，我們將不得不轉向其他文明中的形象，因為只有具有異國情調的符號才能保持其神秘的氣氛。因此，對於公元二世紀來說，這種秘密的知識就可能是掌握在巫師、克爾特（Celtic）牧師或是來自東方的智者的手中，而這些東方人卻操着一種西方人無法理解的語言。古典理性主義將野蠻人等同於那些語

　　　　　　　昂貝多·艾柯

言功能不發達的人（從詞源學上來說，野蠻人（barbaros）指的正是講話結巴的人。）而現在，事情卻顛倒了過來：那些難懂的外國話變成了神聖的語言，充滿了禪意與天機。對於希臘理性主義而言，一個東西如果是可以理解的，它就是真理；而現在，真理卻主要是那些無法理解的東西。

然而，為甚麼只有野蠻人的牧師才能掌握這些秘密的知識？大家都普遍接受的看法是：只有他們才知道精神世界與星象世界，以及星象世界與塵俗世界之間的神秘聯繫——這就意味着一個星球上的行動可能影響到其他星球的運行，而這些星球的運行又可能影響地球生物的命運；意味着如果你對神的偶像施加法術的話，那個神就會聽從你的旨意。塵世如此，天國亦然。整個宇宙就像是一個裝滿了鏡子的大廳，任何個體在這裏既是被反映的對象，又反映着其他的物體。

如果矛盾律遭到了否定與拒斥，那麼唯一可能的解救之路是求助於宇宙間的普遍感應與類似性。宇宙感應乃由各星球之間相互發射出來的神秘之物所引起的，在其最根源之處存在着一個不可知的「太一」，這個不可知的「太一」乃一切矛盾產生的終極根源。新柏拉圖主義的基督教思想試圖解釋：由於我們語言的不準確性，我們不可能用清晰的語言來對「上帝」這個概念進行界定。但神秘主義卻聲稱：我們的語言越含糊，越具有多義性，越使用象徵性符號和隱喻，它越適合於對那個包

孕着重重矛盾的「太一」進行命名。然而，如果矛盾佔了上風的話，同一律原則的大廈就會坍塌。

其結果是，詮釋成了無限的東西。那種試圖去尋找一種終極意義的努力，最終也不得不向這樣一種觀點屈服：意義沒有確定性，它只是在無休無止地漂浮。對一個星體的界定不是根據其形態與功能特徵，而是根據其與宇宙中另一個星體的相似性關係(儘管只是部分地相似)。如果它隱約地與人體的某一部分相似，它就會獲得一種特殊的意義，因為這樣的話它就可以用來指稱人體。但反過來說也成立：人體的這個部分也有了特殊的意義，因為它可以指稱這個星體。我們還可以進一步說，這個星體之所以有意義是因為它可以指稱某個音符，而這反過來又是因為它表明了天國的等級和秩序——就這樣循環往復，直至無窮。每一個物體，不管是天上的還是地上的，都隱藏着一個秘密。一個秘密被發現後，它就會指向另一個秘密：它就這樣不斷地運動下去，直至發現那個終極的秘密。然而，終極的秘密是不存在的。神秘主義者所找到的終極秘密是：任何東西都是秘密的。於是，神秘主義者的秘密就變得非常空洞，因為任何人都不能憑空產生試圖揭示某種秘密的願望，而一定是受到了其他力量的激發，因此他對宇宙秘密只能獲得一種非常粗淺的認識。神秘主義者將整個世界大舞臺歸結為一種語言現象，並且否定了語言的一切交際功能。

昂貝多·艾柯

在出現於公元二世紀地中海盆地的《赫爾墨斯神智學》(*Corpus Hermeticum*)這部作品中，赫爾墨斯·特斯利墨吉斯忒斯(Hermes Trismegistos)是在夢或幻覺中接受上天的神秘啟示的。在啟示的過程中，「奴斯」[14] 降臨到了他的頭上。對柏拉圖而言，「奴斯」是一種能力，這種能力導致了思想和觀念的產生；對亞里士多德來說，它是一種智慧，有了這種智慧我們才能確認出不同的物質。自然，與「迪阿諾亞」(*dianoia*)——這個詞(早在柏拉圖那裏)指的是一種反思，一種理性活動、與作為科學的「認識」(episteme)、與作為對真理的思考的「弗羅尼西斯」(phronesis)這些更為複雜的觀念相比，「奴斯」具有更大的神秘性；但其活動方式也並非不可言說。相反地，在公元二世紀，「奴斯」指的是一種神秘的直覺、非理性的闡發，以及瞬間的感悟。沒有必要去言說、去討論、去推理，只要等着別人替我們說就行了。這樣，光就會變得如此之快以至於與黑暗合而為一了。這才是真正的啟示，在這種啟示中，被啟示者保持着沉默。

如果因果鏈中再也不存在時間的綫性秩序，「果」就有可能作用於它自己的「因」。的確，這種情況在巫術中發生了。但同時也在哲學中發生了。「前因後果」(*post hoc, ergo propter hoc*)的理性原則被「倒果為因」(*post hoc, ergo ante hoc*)所取代。可以舉一個例子。文藝復興時期

---

14 [譯注]「奴斯」(nous)乃希臘語「理性」的意思，在柏拉圖那裏指一種純粹目的論和非物質的最高本原。

的思想家曾論證說，《赫爾墨斯神智學》這部作品並不是希臘文化的產品，它在柏拉圖之前就已經出現了：這部作品中的某些觀念在柏拉圖時代即已非常流行，這個事實就意味着、也證明了這一點。

如果我們可以把這些觀念稱為古典神秘主義的話，那麼它在慶祝對中世紀經院哲學的理性主義的「第二次勝利」時，也就得到了復歸。在基督教理性主義以受「肯定式」激發的推理模式去努力證明上帝的存在的漫長歲月中，神秘主義的信念並沒有消亡。它作為一種邊緣現象，在煉金術士、猶太教神秘主義哲學家以及中世紀羞怯的新柏拉圖主義者的夾縫中，艱難地生存了下來。然而，就在被我們稱為「現代世界」的這個時代剛剛露出一綫曙光的時候，在佛羅倫薩這個首先產生了現代銀行經濟的地方，人們重新發現，在《赫爾墨斯神智學》——這個公元二世紀的希臘創造物——身上可以找到某種古老知識體系的痕蹟，其產生甚至可以追溯到比摩西更早的時代。一旦被米蘭多拉(Pico della Mirandola)、菲奇諾(Ficino)和羅伊希林(Johannes Reuchlin)等人——也就是說被文藝復興時期的新柏拉圖主義者和基督教神秘主義者重新發掘出來——神秘主義的模式就開始繼續為從巫術到科學的大部分現代文化提供營養。

神秘主義再生的歷史非常複雜：今天，歷史學已經顯示出，我們不可能將神秘主義的發展與科學發展完全

昂貝多·艾柯

分開，不可能將帕拉塞爾斯[15]與伽利略完全分開。神秘主義思想影響了弗朗西斯‧培根，哥白尼，開普勒和牛頓；從某種意義上說，現代「定量」科學就是在與神秘主義「定性」思想對話的過程中產生的。歸根到底，神秘主義模式旨在表明這樣一種觀念：希臘理性主義所描繪的那種宇宙秩序是可以被顛覆的，我們有可能在宇宙中發現新的聯繫與新的關係；比如，人可以被允許反作用於自然並改變其運動的過程。然而，這種觀念卻與另一種信念結合在一起：世界不應該以定性的邏輯而應該以定量的邏輯得到描述。因此，這裏存在着一個悖論：在神秘主義的非理性模式中孕育着其新的對立面，即現代科學理性主義。新的神秘論非理性主義一方面搖擺於神秘論者與煉金術士之間，另一方面又搖擺於詩人與哲學家之間：從歌德到奈瓦爾（Gérard de Nerval）和葉芝，從謝林到巴德爾（Franz von Baader），從海德格爾（Heidegger）到榮格。在許多後現代主義的許多批評理論中，我們不難發現意義「漂浮」與「游移」的觀念。保羅‧瓦萊里（Paul Valéry）曾說過：「根本就不存在本文的原義這樣的東西。」這正是一種神秘主義的觀念。

在《人類科學與傳統》一書中——作者的狂熱很值得懷疑，儘管其中不乏富於啟示性的論點——作者吉爾

---

15 [譯注]帕拉塞爾斯（Philippus Aureolus Paracelsus, 1493-1541），瑞士醫師和煉金術士。他認為人體的一切活動都是化學性質的，人體的健康取決於各種器官和體液化學成份的得當。

伯特·杜蘭(Gilbert Durand)認為,與實證主義的機械模式相對立的整個現代思想體系,都靠仰赫爾墨斯的鼻息而生存;他所開列出的與此相聯繫的思想家的名單很能發人深思:斯賓格勒,狄爾泰,舍勒,尼采,胡塞爾,克倫伊(Kerényi),普朗克(Planck),保利(Pauli),奧本海默(Oppenheimer),愛因斯坦,巴舍拉(Bachelard),索羅金(Sorokin),列維-斯特勞斯,福柯,德里達,巴爾特,托多洛夫,喬姆斯基,格雷馬斯(Greimas),德勒茲(Deleuze)。[16]

然而,如果我們不考慮在此同一歷史時期出現的另一種現象的話,對這種從希臘和拉丁理性主義那裏逃逸出來的思維模式的論述將是不完全的。公元二世紀的人們在黑暗中摸索的時候突然為一片耀眼的光芒所照亮,一下子明白了自己在這個無法理喻的世界上的位置。真理是神秘的,對象徵性符號和神秘符碼的追問永遠不會揭示出終極的真理,而只不過將真理移到了別的地方。如果這就是人類所面臨的基本情境的話,那麼它只能意味着:世界的產生是一種錯誤。對這種心靈狀態進行文化表述的主要是諾斯替學派(Gnosis)。[17]

在希臘理性主義傳統中,諾西斯(Gnosis)指的是與簡單的感覺(*aisthesis*)和觀念(*doxa*)相對的、關於存在的真知。但在早期基督教時期,這個詞卻用來指一種超理

16　Gibert Durand, *Science de l'homme et tradition* (Paris, Berg, 1979).

17　[譯注]參見「導論」的[譯注]。

昂貝多·艾柯

性的、直覺的知識，以及被某個神性中介所賜予、或從某個神性中介那裏得到的禮物——誰得到了這個禮物，誰就會得到拯救。諾斯替主義神秘地啟示人們：「神性」自身是模糊不可知的；在它裏面隱含着惡的胚芽，包含着雌雄同體性，這種雌雄同體性從一開始就處於相互矛盾之中，因為它與自身並不同一。神性的下屬與執行者，即「下等神」(the Demiurge)，賦予這個錯誤百出的、亂糟糟的世界以生命，而神性自身的一部分則墮入到此世界之中，形同監禁或放逐。一個因錯誤而創造出來的世界是一個墮落的世界。這種墮落的主要標誌之一是時間的存在：時間是對「永恆」的一種畸形摹仿。在同一歷史時期，作為歷史神學一個分支的「神父學」極力想調和猶太教救世主崇拜主義(Jewish Messianism)與希臘理性主義的衝突，並且創造了「先見的、理性的歷史保護者」這一概念。相反地，諾斯替主義則得了一種拋棄時間和歷史的綜合症。

諾斯替主義者認為自己是世界的被放逐者，是自己肉體的犧牲品(肉體被視為監獄和墳墓)。他被盲目地投擲到這個世界之中。他必須找到一條出路。存在是病態的——我們很清楚這一點。在這個世界上，我們愈是感到受挫，就愈狂熱地渴望獲得一種全知全能的能力，愈渴望復仇。因此，諾斯替主義者將自己確認為神性身上濺落的火花，由於宇宙運行的失誤才被偶然放逐到人世中來。如果他努力恢復了其神性，就不僅可以使人

類與其自身的「根源」重新團聚，而且會有助於那種根源的再生，並將其從開始的那種錯誤中解脫出來。儘管是這個病態世界的囚徒，人還是感到自己被賦予了某種超自然的力量。由於人的精誠合作，神會對自己一開始的錯誤作出修正。諾斯替主義者成了一個「超人」（Übermensch）。那些唯物質是務的人們相反，只有不斷進行精神探索的人（pneumatikoi）才有望獲得真理並因而得到拯救。與基督教不同，諾斯替主義不是奴隸的宗教而是主人的宗教。

要想抵制在當代文化中去尋找諾斯替主義遺跡的誘惑是很困難的。在卡德爾教派[18]與諾斯替教派那裏，我們可以看到對愛的棄絕，人世的各種聯繫被視為與愛慾無關的純精神的聯繫。將惡視為一種富於啟示性的審美體驗並加以慶賀的做法顯然是諾斯替主義的；許多當代詩人也是這樣，他們通過肉體折磨，通過縱慾、神秘的狂歡、吸毒以及語言譫妄等方式去尋求那種幻象式的審美體驗。

有人在浪漫唯心主義的主要原則中發現了諾斯替主義的痕跡。在浪漫唯心主義那裏，時間與歷史被重新加以評價，然而其結果只是將人提升為對「精神」進行重新整合的主角。另一方面，當盧卡契（Lukàcs）聲稱兩個世紀以來的哲學非理性主義，只不過是資產階級創造出來

18　[譯注]卡德爾教派(the Catharic)乃中世紀歐洲教派之一，其顯著特別之一是以摩尼教的雙重觀點解釋基督教並實行嚴格的禁慾主義。

昂貝多·艾柯

的、處理其所面臨的危機的一種理論武器，並因而為其自身的權力慾望和帝國主義實踐提供哲學上的證明時，他只不過是將諾斯替主義的思想轉換成馬克思主義的語言重新表述出來。有人還探討了馬克思主義甚至是列寧主義裏面的諾斯替主義因素(列寧的理論將黨視為先鋒隊，視為精心挑選出來的、掌握着通往知識之門與救贖之門的鑰匙的群體)。另外有人在存在主義、特別是海德格爾身上找到了諾斯替主義的根源(比如，海德格爾對「此在」(Dasein)、對人的存在與時間、對悲觀主義的論述)。榮格在重新審視古代神秘主義學說時，以重新發現原始自我為目的對諾斯替主義的觀念進行了重新思考。然而，在貴族階層對大眾社會的每一次發難中我們都可以找到這種諾斯替主義的痕跡；為了使貴族階層能夠進行最終的優化組合，他們的代言人不顧一切地對那些與「骯髒的物質」必然聯繫在一起的奴隸進行肆意屠殺，甚至是種族滅絕。

　　神秘主義遺產與諾斯替主義遺產結合在一起，導致了某種神秘主義綜合症的產生。如果説受到神性激發的人就是懂得宇宙秘密的人，那麼神秘主義模式的畸形發展就必然會導致下面這種信念的產生：權力的奧秘在於讓人相信他掌握有某種秘密。格奧爾格‧西美爾(Georg Simmel)曾説：

　　秘密使人處於一種特殊的位置；它所具有的吸引力純粹

是由社會所賦予的。它本質上與其所守護的語境相獨立……秘密遮蔽着所有深層的、有意義的東西；從這種觀念裏面滋生出一種典型的錯誤看法：一切神秘的東西都是重要的和本質性的東西。在未知的東西面前，人想實現自己目的的自然衝動與其對未知的自然恐懼結合在一起，試圖共同達到一種目的：通過想像的方式確認出這種未知的東西。[19]

現在，請允許我説明一下，我們的這個尋找神秘主義遺產之根源的旅行在哪種意義上會有助於我們理解某些當代的本文詮釋理論。自然，唯物主義的基本觀點與方法不足以找出伊璧鳩魯與斯大林之間的聯繫。同樣，我也懷疑是否可能將尼采和喬姆斯基的共同特徵孤立起來看待。我想，出於演講的目的而將神秘主義的本文詮釋方法的主要特徵列舉出來，將是非常有趣的。在古代神秘主義和許多當代批評方法中我們可以發現一些令人驚異的相似之處：

- 本文是一個開放的宇宙，在本文中詮釋者可以發現無窮無盡的相互聯繫。
- 語言不可能捕捉住一個獨一無二的、前於語言而存在的意義；相反地，語言的職責是表面，我們所能談論的只是一些互相矛盾的東西的偶然巧合。

19 西美爾，「秘密與秘密社會」，見《西美爾的社會學》(*The Sociology of Georg Simmel*, Kurt H. Wolff, New York, Free Press, 1950)，pp. 332–3.

昂貝多·艾柯

- 語言反映了思想的不準確性：我們在世界中的存在決定了我們無法找到任何超驗的意義。

- 任何試圖具有明確無誤的意義的本文都是一個被誤置了的宇宙，也就是說，是那個滿腦子稀泥、糊里糊塗的「下等神」的拙劣作品（它企圖表明「某某怎樣怎樣」，但相反地，只是發出一連串模糊不清的綫性的語音鍵，「某某」根本上不成其為「某某」）。

- 當代的「本文諾斯替主義」（textual Gnosticism）非常慷慨：任何人，假如他急於將讀者的意圖強加在作者那無法得知的意圖之上的話，都可以成為掌握着真理的「超人」；也就是說，作者根本上就不知道他或她在說些甚麼，因為語言代替了他或她的位置。

- 為了能從本文中「打撈」出甚麼東西 —— 也就是說，從認為意義是一種幻象轉化為意識到意義是無限的 —— 讀者必須具有這種懷疑精神：本文的一字一句都隱藏着另一個秘密的意義；是詞而不是句子隱藏着那未曾說出的東西；讀者的光榮使命在於發現，本文可以表達任何東西，但它就是不能表達作者想要表達的東西；只要有人聲稱發現了本文預設的意義，我們就敢肯定說，這並不是其真正的意義；真正的意義是更深一層更深一層更深一層的意義；那些為物質所束縛和奴役的生活的失敗者正是那些停下來說「我懂了」的人。

- 「真正的讀者」是那些懂得本文的秘密就是「無」的人。

我明白，我對當代最激進的這些讀者中心的詮釋理論的描述也許有點誇大其辭，有點類似於一種諷刺漫畫。然而，我認為，漫畫通常是對事物本質的非常深刻的寫照：可能並不是其當前狀況的寫照，而是其可能的發展趨勢的寫照——如果果真具有這種發展趨勢的話。

我真正想說的是：一定存在着某種對詮釋進行限定的標準。不然的話，我們就不得不面臨費爾南德斯（Macedonio Fernandez）所說的那種語言悖論：「這個世界已經缺少這麼多的東西，如果再缺少一樣的話，我們將沒有任何生存的餘地了。」我知道有這麼一些詩學著作，其目的旨在表明詮釋可以是無限的。我知道《為芬尼根守靈》（Finnegans Wake）是為那些「理想的讀者」而寫的，這些理想讀者為那種「理想的失眠症」所控制。但我同樣知道，儘管薩德（Marquis de Sade）的全部作品都是用來顯示「性」的無限可能性的，但大多數的讀者卻似乎並沒有他想像的那麼激進。

在其《莫丘利[20]；或，隱密敏捷的信使》（1641）一書的開頭，約翰·維金斯（John Wilkins）為我們講述了下面的這個事故：

> 書寫的藝術在其最初被發明時是多麼的奇妙，我們可以在新近發現的美洲人的身上看到這種奇妙。這些美洲

---

20 [譯注]莫丘利(Mercury)，羅馬神話中的神使。

　　　　　　　　　　　昂貝多·艾柯

人驚奇地發現：「人」可以與「書」進行交談，甚至「紙」也會說話……

我下面所要講的這個故事是關於一位印第安僕人的；這位僕人受到主人的吩咐去送一籃無花果和一封信，但在半路上卻將籃子裏的東西喫掉了一大半，將剩下的送到了該送到的那個人的手中；這個人讀了信，發現無花果的數目與信上所說的不符，於是就責問僕人為何將果子偷喫了，並且告訴了他信上是怎麼說的。然而這位印第安僕人卻矢口否認有這事(儘管證據確鑿)，並且不斷詛咒那張「紙」，認為這張紙是在說謊。

之後不久，這位僕人又被支使送同樣的東西到同一個地方——同樣的一籃果子以及說出了果子確切數目的信。他又故伎重演，在路上喫掉了大部分果子；但這一次，為了防止受到上次同樣的指責，他在喫果子之前首先將那封信拿出來藏到了一塊大石頭下面。他相信，如果這封信沒有看到他喫果子的話，它就不可能出賣他。然而這一次他又失算了，他受到了比上一次更加嚴厲的指責；他不得不老實坦白自己的錯誤，對紙所具有的「神性」讚嘆不已。從此以後，他在執行主人的命令時，再也不敢耍任何滑頭了。[21]

---

21 John Wilkins, *Mercury; Or, the Secret and Swift Messenger*, 3rd ed. (London, Nicholson, 1707), pp. 3–4.

有人可能會說，本文一旦離開了其作者（以及作者的意圖）與其寫作的具體語境（因而也就離開了其所指物），就會在具有無限多的詮釋可能性的真空之中漂浮。維金斯可能會反駁說，在他所寫的這個故事中，收信人十分肯定：信中提到的籃子一定就是僕人帶去的那個籃子，帶給他籃子的僕人也一定就是他朋友交籃子的僕人，並且信中所寫的「三十」與籃子中無花果的數目之間一定存在着對應關係。然而，我們可以進行這樣的想像：送籃子的那個僕人在路上被人殺了，另一個人代替了他，原來的那三十個果子也被人給換掉了，籃子被送給了另一個人，而這個人根本上就不知道有甚麼朋友急於送他甚麼果子。經過這樣一番想像之後，我們還能相信信上所說的東西嗎？儘管如此，我們還是可以設想新的收信人將會作出如下的反應：「有人——啊，天知道是誰！——給我送來一定數量的無花果，果子的數目比信上說的數目要少。」現在，再讓我們來做進一步的假設：不僅送信人被殺，而且殺他的人將果子全給喫了，將籃子踩爛了，將信塞進一個瓶子裏並將它投進了海中；七十年後瓶子被羅賓遜・克魯蘇（Robinson Crusoe）發現了。沒有籃子，沒有僕人，沒有無花果，只有一封信。儘管如此，我敢打賭，羅賓遜的第一個反應是問：「果子呢？」

現在，讓我們假設瓶子中的信息被一個更老練的人，比如說，一個語言學、詮釋學或符號學研究者發現

昂貝多・艾柯

了。這樣一位受過高度訓練的收信人可能會作出一系列的假說，比如：

1. 無花果（Figs）這個詞 —— 至少是在今天 —— 可以在象徵的意義上使用（比如說，to be in good fig, to be in full fig; to be in poor fig[22]），因此這一信息可以有多種解釋。但即使在這種情況下，收信人也得依賴「無花果」這個詞某些約定俗成的傳統解釋，比如他就不能將其理解為「蘋果」或是「貓」。

2. 瓶中信是一種隱喻，其作者是一位詩人：收信人在其中讀出了某些隱含着的、建立在個人化的詩歌編碼基礎上的、專門適合於這個本文的意義。在這個例子中，收信人可以作出許許多多互相矛盾的假設，但我堅信，一定存在着某種按照簡潔「經濟」的原則確立起來的標準，據此標準，某些假設會顯得比其他假設更為有趣。為了使其假設得到證明，收信人可能會對發信者以及信得以產生的可能的歷史語境事先作出一些假設。這與研究發信者的「意圖」無關，但它的確與研究信產生的文化語境有關。

也許我們的這位老練的詮釋者會斷定，瓶子中所發現的本文一度曾經指向某些特定的無花果，指向某個特定的

---

22 [譯注]前二者意思是「穿戴整齊」，「身着盛裝」，「精神抖擻」的意思；後者的意思正相反。

發信人，某個特定的收信人，以及某個特定的僕人；不過現在，這一切具體的所指都已經失去。儘管如此，這封信將繼續作為一個本文而存在，儘管人們可以用它來指無數的其他的籃子，無數其他的無花果，但是卻不能用它來指蘋果或是獨角獸。收信人可以對這些失去的中間環節進行自己的猜測，但這些中間環節是如此模糊不清，你簡直可以對其意義和具體所指進行大量最大膽的假設(也許，在某種特定的歷史背景下，送無花果乃一種影射或間接誹謗的行為)。但是，他或她卻不能說，這封信可以意味着「一切」。它可以有許多種意思，但有些意義卻是非常荒謬的。無論如何，下面這種基本的意義是不會變的：從前，有個籃子，裏面裝滿了無花果。沒有哪種讀者中心的理論會不受這個限制。

當然，討論維金斯故事中的這封信與討論《為芬尼根守靈》是有區別的。《為芬尼根守靈》甚至會幫助我們對維金斯故事中大家都普遍接受的常識提出質疑。但是，我們無法忽視那位僕人的觀點，他第一次目睹了文字本文以及對文字本文的詮釋所產生的奇蹟。如果確實有甚麼東西需要詮釋的話，這種詮釋必須指向某個實際存在的、在某種意義上說應該受到尊重的東西。因此 —— 至少是就我下一次演講而言 —— 我提議：讓我們站在那位僕人一邊。這是想成為符號學研究「可尊敬的僕人」(如果不是主人的話)的唯一途徑。

　　　　　　　昂貝多·艾柯

—— 2 ——
過度詮釋本文

昂貝多・艾柯

在「詮釋與歷史」中，我考察了一種詮釋世界與本文的方法，這種方法建立在天人之間、宏觀宇宙與微觀宇宙之間具有相互「感應」這一觀念的基礎之上。宇宙感應的觀念在形而上與形而下兩個層面上都依賴於相互感應的雙方之間所存在的那種或明或暗的「相似性」。米歇爾・福柯(Michel Foucault)在《詞與物》(*Les mots et les choses*)一書中已對相似性這一範式進行過探討，但他將注意力主要放在文藝復興到十七世紀這個歷史轉折時期；在此歷史轉折時期，相似性的範式裂變為近代自然科學的範式。我在下面所要作出的假設也許歷史跨度更大，我旨在強調一種在漫長的歷史發展過程中艱難地存活了下來的詮釋標準，我將這種標準稱為「神秘主義符指論」(Hermetic semiosis)。

為了假定相似的事物之間能夠發生相互作用，這種「神秘主義符指論」首先得斷定「相似性」究竟為何物。然而，實際上它所假定的相似性標準卻過於寬泛，過於靈活。它不僅包括那些(我們今天所認為的)形態上的相近或部分的類似，而且包括為諸如「相鄰」(contiguity)這樣的修辭傳統所容許的每一種可能性的替代。

我在下面所列出的連接意象或語詞的方法並非來自於一篇有關魔術的論文，而是來自於十六世紀一本介紹記憶法的著作。這些引文非常有趣，因為 —— 與神秘主義的觀念相去甚遠 —— 作者在當時的文化語境中發現了許多將不相干的事物組合起來的方法與技巧，這些方法與技巧人們普遍認為是有效的、可接受的。

1 類似（similitude）—— 可細分為物質性類似（將人視為宏觀宇宙的微縮體）和精神性類似（用十個典型人物代替摩西十誡）；換喻（metonymy）與換稱（antonomasia）—— 以星象圖指天文學或天文學家，以熊喻性情暴躁之人，獅喻傲慢，西塞羅喻能言善辯。

2 同形（homonymy）—— 以狗這一動物命名「狗」這個星座。

3 反諷或反襯 —— 以愚人稱智者。

4 符號 —— 以狼的足跡代狼，以提圖斯[1]顧影自憐的鏡子代替他本人。

5 一個發音相近的詞 —— 用sanum代sane。

6 名字的類似 —— 用亞里士達代亞里士多德。

7 以種代屬 —— 用豹這一動物指稱整個動物界。

8 異教的符號 —— 以鷹代朱庇特[2]。

---

1 [譯注]提圖斯(Titus, 39-81)，古羅馬皇帝(79-81)，曾任執政官，與父親Vespasian共執朝政，鎮壓過猶太教起義，夷平過耶路撒冷，即位後所建的凱旋門至今猶存。

2 [譯注]朱庇特(Jupiter)羅馬神話中主宰一切的神，相當於希臘神話的宙斯。

昂貝多·艾柯

9 民族 —— 以安息人（Parthians）代箭，錫西厄人（Scythians）代馬。

10 黃道十二宮 —— 每一宮均以星群得名。

11 機體及其功能之間的關係。

12 某個共同的特徵 —— 以烏鴉代埃塞俄比亞人。

13 象形文字那樣難解的符號 —— 以螞蟻代上帝。

14 最後，純粹是出於個人的習慣，比如，用魔鬼代一切難以記住而又必須記住的東西。[3]

可以看出，兩個事物之間的相似有時因其行為，有時因其形狀，而有時則是因為它們碰巧同時出現在某個特殊的語境中。只要能夠確立某種聯繫，用甚麼標準倒無關緊要。一旦相似性這種機制得以確立和運行，我們就無法保證它會停下來。相似性下面所隱含着的意象、概念與真理反過來又會作為其他意義的相似性符號。每次當你認為發現了某種相似性時，它都會繼續指向另一種相似性。這一過程永無止息。在一個為相似性的邏輯（以及宇宙感應）所支配的宇宙中，詮釋者有權利和義務去對此進行大膽懷疑：被認為是符號的意義的東西實際上只不過是另一個意義的符號。

這就揭示出神秘主義符指論的另一根本原則。如果兩個事物相似，一個可以成為另一個的符號；反之亦然。從相似到產生符指關係的過程（semiosis）並非自

3　Cosma Rosselli, *Thesaurus artificiosae memoriae* (Venice, 1589).

動地完成的。這支筆和那支筆相似並不能使我們得出可以用前者去指代後者的結論（一些特殊的情況除外，比如以「顯示」的方式產生的符指過程（signification by ostention）：我向你顯示這支筆是為了讓你給我買另一支相似的筆或其他某個具有類似功能的東西；但以這種方式產生的符指過程需要有事先的約定）。「狗」這個詞與實際的狗沒有任何相似之處。英國郵票上伊莉莎白女王的畫像與伊利莎白女王這個實際上的人非常相像（由於畫家的努力），這個畫像由於指稱了女王這個人而成了大不列顛的象徵。「豬」這個詞與豬這個動物不同，也與諾列加（Noriega）或齊奧塞斯庫（Ceauscescu）這兩個人毫無相似之處[4]；然而，根據我們的文化體系在豬的生活習性與獨裁者的道德習性之間所確立的類比關係，我們可以用「豬」這個詞去指稱上面提到的兩個人中的任何一個。對「相似性」這樣的複雜概念進行符號學分析（請參見我的《符號學原理》一書）可以幫助我們發現並克服神秘主義符指論的一些基本局限，並且可以借此去發現並克服許多「過度詮釋」過程所具有的局限。

　　毋庸置疑，人類思維也是按照同一與相似的原則進行的。不過，實際上，在日常生活中我們一般都知道怎樣去區別相關的、有意義的相似性與偶然的、虛設的相似性。我們望見遠處有個人像張三，於是我們就認為這個人是張三；但走近一看，才知道不是張三，而是李

4　分別為巴拿馬獨裁者、羅馬尼亞獨裁者。

　　　　　　　　　　　　　　　昂貝多・艾柯

四，一個陌生人。通常，有了這樣的經歷後，一般來說我們再也不會以形取人，並且對相似性這一原則也半信半疑，認為它完全是偶然的。我們之所以這樣做是因為我們每個人都明白了一個無可辯駁的事實：從特定的角度來看，每一事物都與其他事物具有某種類似、相鄰或相近的關係。也許有人會走極端，認為在時間副詞「同時」與名詞「鱷魚」之間也存在着聯繫，因為，至少，「二者都同時出現在我剛才所說的那個句子中。」然而，清醒而合理的詮釋與妄想狂式的詮釋之間的區別正在於，我們能夠確認出這樣的關係是微不足道的，因為根據這種關係我們無法認識二者的本質。妄想狂式的詮釋者並不是那種注意到「同時」與「鱷魚」這兩個詞奇怪地出現在同一句子中的人，而是那種對引導我們將此特定的兩個詞扯到一塊的隱秘動機進行胡思亂想的人。他們極力想在這個例子中窺見一個秘密，並且認為這個秘密是我有意向聽眾暗示出來的。

為了對世界與本文進行「質疑式的解讀」，我們必須設計出某種特別的方法。懷疑本身並非一種病理現象，偵探與科學家都基於這一原則進行推理和判斷：某些顯而易見但顯然並不重要的東西可能正是某一並不顯而易見的東西的證據和符號，據此我們可以提出某種假設以待驗證。但某一東西要想成為另一東西的證據和符號必須符合三個條件：簡潔「經濟」（沒有比此更加簡單的解釋）；指向某一單個（或數量有限）的原因而不是

諸多互不相干的雜亂的原因；與別的證據相吻合。如果在某個犯罪現場發現了一張發行量極大的報紙，我們首先得弄清這張報紙是否為受害者所有（簡潔「經濟」的標準）；如果它不屬於受害者，那麼就會有成千上萬潛在的懷疑對象。如果我們在犯罪現場發現了一個非常罕見的、也許是獨一無二的珠寶，而且一般來說人們都知道這個珠寶是誰的，那麼這裏面就大有文章可做了；如果我們接着又發現那個擁有珠寶的人無法拿出自己的珠寶，那麼這兩條綫索就相互吻合了。然而，必須注意的是，直到這時我的推測仍然沒有得到證實。它只不過看上去很合理，之所以合理是因為它可以讓我們確立某種情境，據此情境我們的推測可以為其他的證據所推翻：比如，如果被懷疑的對象能夠拿出確鑿無疑的證據，證明在很早以前他就將此珠寶送給了受害者，那麼犯罪現場上出現珠寶這個綫索就不再有那麼重要了。

對綫索的重要性的過高評價常常是由於我們天生具有一種認為最顯而易見的證據就是最重要的證據的傾向。但「顯而易見」這一事實本身應該允許我們根據最簡潔的原則對其進行解釋。用這種歸納的方法進行科學推理搞不好會出一些很奇怪的錯誤，這可以從下面這個例子得到說明：如果一個醫生觀察到所有患肝硬化的病人都有經常喝蘇打威士忌、蘇打白蘭地或蘇打杜松子酒的習慣，從此得出結論說是蘇打水導致了肝硬化，那麼他就大錯特錯了。他之所以錯了不僅因為他沒有注意到

昂貝多·艾柯

三者之中還有另一共同因素即酒精的存在，而且還因為他忽視了那些只飲蘇打水不飲酒的病人，卻沒有得到肝硬化的病人的例子。這個例子之所以顯得很荒唐是因為這位醫生將注意力集中在某些因素之上，忽視了他應該關注的東西；而且，這些因素完全可以通過其他方式得到解釋。之所以會發生這種現象，是因為水的存在更加顯而易見，因此注意到水的存在比注意到酒精的存在更容易。

神秘主義符指論正是在這種懷疑論的詮釋實踐方面走得太遠。懷疑論的詮釋實踐遵循一種「靈巧的原則」，這一原則似乎適用於受此傳統影響的所有本文。首先，過分的好奇，導致對一些偶然巧合的重要性的過高估計，這些巧合完全可以從其他角度得到解釋。文藝復興時期的神秘主義致力於去尋找一些「踪跡」，即能揭示出隱秘關係的一些可見綫索。比如，他們發現野生的蘭花有兩個球莖，並且發現了它與睪丸之間在形態上令人驚異的相似之處。從此相似性出發，他們進一步推進到對於「不同關係的認同」：從形態的類似推到功能的類似。於是蘭花就被認為具有生殖器官的神秘特性（因此，蘭花同時又以其性淫而為世人所知）。

實際上，正如培根後來所解釋的（《新工具》附錄，1620），蘭花具有兩個球莖是因為它每年都在舊球莖旁長出一個新球莖；新球莖長成時，舊球莖就枯萎了。因此儘管蘭花的兩個球莖也許與睪丸確實具有形態上的相似性，二者在功能上卻迥異：蘭花球莖的功能只是「自

肥」。儘管不可否認二者在功能上可能具有某種關係，但卻無法得出二者相似的結論。形態上的相似不可能成為因果關係的證據，因為它與其他因果關係方面的證據不相吻合。神秘主義者運用了一種「錯誤傳遞」的原則：這種原則認為，如果A與B有X這種關係，而B與C有Y這種關係，那麼A也就與C有Y這種關係。儘管蘭花的球莖與睪丸具有形態上的相似之處，並且睪丸與精子的產生又有着必然的因果關係，但這卻並不意味着蘭花的球莖就必然與性行為有關。

但對蘭花所具有的神秘力量的信念卻得到了另一神秘主義原則的支持，這一原則可以用那句拉丁話來說明，*post hoc, ergo ante hoc*（倒果為因）：結果被假定並被詮釋為其自身原因的原因。有人聲稱：蘭花與睪丸之間可能具有某種聯繫是因為前者有着後者同樣的名字[5]。當然，這種詞源上的推導是錯誤的。然而，神秘論卻在此詞源中發現了神秘感應的證據。

文藝復興時期的神秘論者認為《赫爾墨斯神智學》這本書是由摩西之前生活在埃及的一位叫做赫爾墨斯·特利斯墨吉斯忒斯[6]的人神秘人物寫的。而十七世紀初的伊薩克·卡索邦(Issac Casaubon)卻不僅證實了這種帶有基督教思想痕跡的本文，只有在基督教產生之後才能寫

5　[譯注]蘭花(orchis)其根狀如睪丸(testicle)，因而二者經常可以互相指稱。

6　[譯注]赫爾墨斯·特利斯墨吉斯忒斯(Hermes Trismegistus)，埃及智慧之神Thoth的希臘名，所掌之職司與希臘神赫爾墨斯相似，相傳曾著有魔術，宗教，占星術，煉金術等方面的書籍。

　　　　　　　　　　　　　　　　昂貝多·艾柯

出，而且證實了這本書中沒有任何埃及慣用語的痕跡。卡索邦之後的神秘主義思想對這後一種看法棄置不顧，而根據「倒果為因」的原則採納了前一種觀點：如果這本書包含某些為後來的基督教思想所印證的觀念，這可以說明它在基督教產生之前即已寫成，並且影響了基督教的思想。

等會兒我會表明，在當代的本文詮釋實踐中我們可以發現同樣的論證過程。我們現在所面臨的問題是：我們已經知道野生蘭花與睪丸之間的類比是錯誤的，因為實驗驗證表明，這種植物並不能對我們的身體產生作用。我們有理由相信《赫爾墨斯神智學》這部作品沒有人們所認為的那麼古老，因為我們直到公元十世紀末才找到能證明這部手稿確實存在的可靠證據。不過，我們用甚麼標準才能斷定對本文的某個特定詮釋是「過度詮釋」呢？有人可能會回答說，為了確定一個詮釋為「不好」的詮釋，我們首先必須找到斷定一個詮釋是「好」的詮釋的標準。

我的看法正好與此相反。我們可以借用波普爾 (Popper) 的「證偽」原則來說明這一點：如果沒有甚麼規則可以幫助我們斷定哪些詮釋是「好」的詮釋，至少有某個規則可以幫助我們斷定甚麼詮釋是「不好」的詮釋。我們無法斷定開普勒的假說一定就是最好的假說，但我們可以斷定托勒密對太陽系的解釋是不正確的，因為他關於「本輪」與「均輪」的觀念違背了簡潔「經

濟」的標準，它與其他一些假說不相吻合，而這些假說在解釋托氏所未曾解釋的現象時被證明是可靠的。請原諒我在沒有事先進行理論界定的情況下使用了簡潔「經濟」這一本文詮釋標準。

現在，讓我們來考察一個眾說紛紜的、對「世俗的神聖本文」進行過度詮釋的例子。請原諒我使用「世俗的神聖本文」這個相互矛盾的措辭。一個本文一旦成為某一文化的「神聖」本文，在其閱讀的過程中就可能不斷受到質疑，因而無疑也會遭到「過度」詮釋。這種情況在對荷馬本文的詮釋中發生了，它也應該在基督教早期與經院時期對《聖經》的詮釋以及猶太文化對自身經典的詮釋中出現。但嚴格說起來，對經文的解釋並沒有太多的自由，因為宗教傳統與權力機構通常掌管着經文詮釋的鑰匙。比如，中世紀的文化竭力鼓勵人們在時間的進程中對經文進行無限的詮釋，然而卻不允許對其基本觀點進行發揮。如果說聖經「意義四重性」的理論有甚麼特徵的話，那就是：Scripture這個詞的意義在數量上是四個[7]。但是意義必須根據嚴格的規律來決定；儘管這些意義隱藏於詞語的字面意義之下，卻一點兒也不神秘，相反地——對於那些知道怎樣閱讀本文的人而言——卻非常清晰。如果初看起來並不清晰的話，應該

7　[譯注]scripture一詞通常有下列四重意義：手稿；基督教《聖經》（常大寫詞頭）；基督教《聖經》中的文句；基督教之外其他宗教的經文。故有「意義四重性」一說。

　昂貝多·艾柯

由詮釋傳統(對《聖經》而言)或作者自己(對他本人的作品而言)來提供詮釋的鑰匙。這正是但丁在《饗宴》(*Convivio*)以及其他作品——比如《書信集》(*Epistula VIII*)——裏所做的。

這種對待經文(就這一詞的字面意義而言)的態度也適用於某些世俗的作品,這些作品在其被接受的過程中越來越隱喻化,越來越神聖化了。在中世紀,這種情形在維吉爾(Virgil)身上發生了;在法國則在拉伯雷(Rabelais)的身上發生了;在英國則發生在莎士比亞身上(在「培根-莎士比亞之爭」的旗幟下,一群追奇獵秘者對莎士比亞的作品本文進行逐字逐句的搜索,試圖在其中發現一些變位字、離合字,以及其他的秘密信息,因為他們聲稱,借此可能證明弗朗西斯‧培根才是一六二三年開本的真正作者);現在,則正在喬伊斯(Joyce)的身上發生。就此而言,但丁的例子具有着非常重要的意義。

當我們將目光轉向但丁時,我們看到,從十九世紀下半葉開始直到現在,從益格魯-意大利作家加布里埃爾‧羅塞蒂(Gabriele Rossetti,著名前拉斐爾畫派畫家但丁‧加布里埃爾的父親),法國的歐仁‧阿魯(Eugène Aroux),意大利著名詩人喬瓦尼‧帕斯科里(Giovanni Pascoli),一直到勒內‧格農(René Guenon),無數批評家滿懷激情,一而再、再而三地閱讀但丁的作品,並且試圖在其中發現某種神秘的信息。

值得注意的是，但丁是第一個聲稱其詩歌傳達了字面內與字面外兩種意義的人。他不僅公開表明了這一點，而且還提供了怎樣獲得字面外意義的方法。然而，上述那些詮釋者——我們應稱其為神秘主義的追隨者——卻在但丁身上發現了一種秘密語言或者説專門用語，並據此認為但丁作品中每一處指涉情愛與真人真事的文字，都可以被解釋為以隱喻的方式對教會進行抨擊。對此人們完全有理由質問：既然但丁如此膽大妄為敢公開抨擊教皇的統治，為甚麼他還要這麼費力地去隱藏他對貴族和皇室的熱情？神秘主義的追隨者是這樣一種人，當有人對他説「先生，你是個賊，請相信我的話！」時，他卻反問道：「你所説的『相信我的話』是甚麼意思？也許你是在暗示説我從不相信別人？」

神秘主義追隨者的名單令人難以置信地長。更令人難以置信的是，但丁研究與批評的主流竟然忽視了它的存在。最近，我挑選並組織了一批年輕的研究者去閱讀這些人的所有著作——也許是第一次有人這麼做[8]。這種研究的目的與其説是去斷定神秘主義追隨者是對還是錯(事實上，在很多時候，他們可能是對的)，不如説是去評價其假説是否具有一種我們所説的簡明「經濟」的價值。

還是讓我們來看一個具體的例子。羅塞蒂在此例中

8　波扎托(M.P. Pozzato編)，《殘缺的觀念：對但丁神秘主義的闡釋》(*L'idea deforme: Interpretazioni esoteriche di Dante*, Milan, Bompiani, 1989).

昂貝多·艾柯

討論了神秘主義的一個核心觀念[9]。那些神秘主義詮釋者認為，但丁在其本文中描繪了許多具有典型共濟會與羅塞克盧主義色彩的象徵符號與禮拜儀式。這是一個非常有趣的、牽涉到另一個歷史-哲學的問題：儘管有材料證明羅塞克盧主義思想形成於十七世紀初，共濟會的第一個集會出現於十八世紀初，但卻沒有材料證明 —— 至少是沒有能為治學嚴謹的學者所接受的材料 —— 這些思想以及/或者組織更早一些時候是否存在。相反地，倒是有可靠的材料證明十八和十九世紀具有不同傾向的許多宗教團體是如何選擇其禮拜儀式與象徵符號的，這些儀式與象徵符號表明了它們與羅塞克盧主義以及聖殿騎士團[10]的前後傳承關係。實際上，任何聲稱是從某個更早的傳統延續下來的團體與組織都會選擇那些具有歷史淵源的符號作為其象徵(比如，意大利的法西斯主義政黨選擇古羅馬侍從官的「法西斯」束捧[11]作為其標誌，以此視自己為古羅馬人的後裔)。這種選擇清楚地表明了一個團體的意圖，但卻並不表明二者真的具有直接的傳承關係。

羅塞蒂認為但丁是共濟會、聖殿騎士團以及玫瑰十

9　羅塞蒂(Gabriele Rossetti)，《但丁的貝雅特里奇》(*La Beatrice di Dante* (Rome, Atanor, 1982), pp. 519–25.

10　[譯注] the Templar，又稱 the Knights Templar，大約於一一一八年創立於耶路撒冷的宗教軍事團體，隨後迅速遍及歐洲，一三一二年為維也納會議所禁止。

11　[譯注]「法西斯」(fasces)，用紅帶捆綁的棍棒束，上露戰斧的斧頭，用作古羅馬高級執法官的權仗。後來意大利的法西斯主義者將其用作自己的標誌。

字會(Fraternity of the Rosy Cross)的成員。以此為出發點，他斷定「共濟會-羅塞克盧」的象徵符號是這樣的：一個十字架，一朵玫瑰，玫瑰下面是一隻鵜鶘——據傳說，鵜鶘這種水鳥從自己胸脯上撕下肉來餵養孩子。然後，羅塞蒂的工作就是證明這一象徵符號也出現在但丁身上。的確，他這種認為共濟會的象徵符號是受但丁啓發的假說必須冒很大的風險，然而，它有個好處是可以從此推出另一個假說：在共濟會與但丁之外，存在着某個第三種「原型本文」。羅塞蒂這樣做可能會取得一箭雙鵰的效果：不僅證明共濟會有着很古老的傳統淵源，而且證明但丁本人也受到這一古老傳統的激發。

一般說來，人們都接受這樣的觀點：如果文件B產生於文件C之前，而C無論是內容還是形式都與B相似的話，那麼有理由認為前者影響了後者，而後者卻無法影響前者。最多，你可以假設有一原型A產生於B和C之前，B和C的產生都受其影響。假定存在一個原型本文的做法可能會對解釋兩個已知本文之間的相似性有用，因為否則這種相似性便難以得到解釋；但值得注意的是，這樣做只有當二者間的相似性不能得到其他更簡潔的解釋時才有必要。比如，如果我們發現不同時代的兩個本文都提到了裘力斯·愷撒之死，我們既沒有必要認為其中的一個影響了另一個，也沒有必要假定一個二者都受其影響的原型本文，因為愷撒之死這件事在歷史上一直是，而且現在仍然是無數本文所描寫的對象。

然而，事情也許會更糟：為了顯示C是多麼高妙，我們需要尋找一個B與C都依賴於其上的原型本文A。由於A實際上難以得到，於是人們就假定A在各方面都像C。其結果就會造成C影響了B的假象，這正是我們前面所說的「倒果為因」現象。羅塞蒂的悲劇在於，他在但丁的本文裏面沒有發現任何與共濟會的象徵符號的顯著相似之處；由於不存在一個將其引向某個原型本文的相似性，他甚至根本上就不知道該去尋找甚麼樣的原型。

　　如果我們想斷定the rose is blue（玫瑰是藍的）這一短語是否出現在某個作者的作品之中，我們必須在他的作品本文中找到the rose is blue這個完整的短語。如果我們在第一頁找到了冠詞the，在第五十頁的rosary，這個詞身上找到了ros這三個字母，這甚麼也不能證明；因為很明顯，字母組合的數量是有限的，用這種方法我們可以在任何種類的本文裏面找到我們所需要的任何字句。

　　羅塞蒂驚奇地發現，在但丁的作品中可以找到十字架，玫瑰和鵜鶘這些詞。它們出現的理由是不言而喻的。在涉及到基督教秘密的作品裏出現這些符號一點兒也不奇怪。根據古老的象徵傳統，鵜鶘在基督教裏很早就成了基督的象徵（中世紀的動物寓言和宗教詩歌裏到處充斥着這個符號）。至於玫瑰，由於其複雜的對稱性，其柔美，其絢麗的色彩，以及在春天開花的這個事實，幾乎在所有的神秘傳統中它都作為新鮮、年輕、女性溫柔以及一般意義上的美的符號、隱喻、象徵而出現。由於

這一緣故，被羅塞蒂本人稱為「新鮮而甜美的玫瑰」就作為女性美的象徵出現在十三世紀另一位詩人丘羅・達爾卡莫(Ciullo d'Alcamo)的作品中，作為情慾的符號出現在阿普列烏斯[12]的作品以及一部大家都非常熟悉的作品《玫瑰傳奇》(*Roman de la Rose*)之中(這部作品有意使用一些異教的象徵符號)。因此，當但丁為了表現基督徒的勝利，為了表現上帝的榮耀、宏偉、慈愛與美時，他求助於純潔無瑕的玫瑰形象是一點也不奇怪的。順便提一下，由於基督受難的直接結果，使得獲勝的的基督徒成為基督的「新婦」，但丁不禁寫出了「基督用他的血作成了他的新婦」的句子；這種對血的暗示是羅塞蒂在但丁本文中所發現的唯一可以使玫瑰與十字架聯繫起來的地方(一種觀念上的而不是形象上的聯繫)。*Rosa*(玫瑰)一詞在《神曲》中一共出現了十一次，八次是單數形式，三次是複數形式。*Croce*(十字架)出現了十七次。但這兩個詞從沒有一塊出現過。

然而，羅塞蒂還想找到鵜鶘。他果真在《天堂篇》第三十六中找到了(只出現在詩歌中)，並且顯然是與十字架聯繫在一起的，因為鵜鶘代表着犧牲。遺憾的是，沒有出現玫瑰。接着，羅塞蒂又到其他人那裏去尋找鵜鶘。他在切科・達斯科里(Cecco d'Ascoli，這是神秘論者大感興趣的又一位作家，因為這位作家有意識地使其作

12　[譯注]阿普列烏斯(Apuleius)，公元二世紀羅馬作家和哲學家，著有長篇小說《金驢記》(又名《變形記》)以及《論柏拉圖及其學說》等哲學著作。

昂貝多・艾柯

品具有隱晦而朦朧的效果)那裏發現了一隻，並且切科的鵜鶘也出現在慣常的受難情境中。值得注意的是，切科的鵜鶘卻不是但丁的鵜鶘，儘管羅塞蒂極力想模糊二者之間的區別。羅塞蒂認為他在《天堂篇》第二十三的開始部分發現了另一隻鵜鶘。在這一部分裏，我們發現有一隻水禽警惕地蹲坐在一片茂盛蔥鬱的水草之中，焦急地等待着黎明的到來，等待着太陽的升起，以便去為它的孩子們尋找食物。然而，這隻急於尋找食物的水禽儘管姿態優美，卻並不是鵜鶘；因為如果是鵜鶘，它就不必去尋找食物，它可以輕易地從自己的胸脯上撕下肉來餵養它的孩子。再者，它是作為貝雅特里奇[13]的隱喻而出現的；如果但丁用此蠢笨的扁嘴鵜鶘去描述他心愛的姑娘，那無異於一種以詩歌自殺的行為。羅塞蒂以一種自哀自憐的方式不無絕望地在但丁的神聖詩篇中找到了七種水禽，十一種鳥，並且將它們都歸到了鵜鶘家族的名下：然而，他同時也會發現，它們都與玫瑰相隔甚遠，毫不相干。

這樣的例子在羅塞蒂的著作中舉不勝舉。我可以再舉出一個。羅塞蒂所引的例子出現在《天堂篇》第二章中，這一章一般被認為是整個《天堂篇》最富哲理性、最富理論色彩的章節之一。這一章充分利用了貫穿於整

---

13 [譯注]貝雅特里奇(Beatrice)是但丁所鍾愛的女子，其終生創作靈感之源泉。她是一佛羅倫薩商人之女，後嫁給了巴爾蒂，二十歲時不幸夭逝。但丁為她寫過許多詩，《神曲》更是將其作為天使的形象而貫穿全書。

個第三部分的技巧：用光來表現神性的秘密——這與整個神學傳統以及神秘主義傳統非常吻合。於是，即使是最為隱秘難解的神學概念也可以用光來表達。應該注意的是，但丁這樣做是受了他那個時代的物理學以及整個宗教文學的影響：阿拉伯的光學論文傳到西方世界只不過是在此幾十年前的事；羅伯特·格羅斯泰斯特(Robert Grosseteste)以光能解釋了宇宙的起源；在神學領域，波那梵圖拉(Bonaventura)闡明了lux(自然光)，lumen(火光)與color(色光)之間的區別；《玫瑰傳奇》對鏡子的魔力大加嘆賞並且描述了光的反射、折射與放大現象；羅傑·培根(Roger Bacon)力圖在自然科學中為光學爭得一席之地與其應有的尊嚴，並且指責當英國人正在努力探討光的基本原理時，巴黎人卻對此不聞不問。很顯然，已經在詩中用過被太陽照亮的寶石或被光穿透的水域這樣的比喻來描繪天國現象的但丁，在面臨着不得不對恆星的不同亮度作出解釋的問題時，肯定會求助於光學。他用了一個「三面鏡子」的隱喻：這些鏡子儘管放在不同的位置，卻都反射着由同一光源所發出的光。

然而，對羅塞蒂而言，如果我們不考慮共濟會儀式將三個光源佈置成三角形這一現象的話，但丁這一隱喻將是「不可理喻」的——注意，羅塞蒂說的是「三個光源」，而不是但丁所描寫的反射同一光源的「三面鏡子」[14]。即使我們接受「倒果為因」這一原則，羅塞蒂這一假説最

14 羅塞蒂，《但丁的貝雅特里奇》，p. 406.

　　　　　　　　　　　　　　昂貝多·艾柯

多也只能解釋但丁(竟然會熟悉在他之後才產生的共濟會的儀式！)為何選擇了三面鏡子的意象，而無法解釋詩篇的其餘部分。

托馬斯‧庫恩(Thomas Kuhn)認為，一種理論要被人們接受為一種「範式」(paradigm)，必須比同類的所有其他理論更好，但並不一定需要它對所有有關的事實都能作出解釋。不過，我還可以補充一點：它也不必比以前的理論更具有解釋力。如果我們認為在此但丁是在遵循中世紀的光學原則的話，我們也就會理解在八十九至九十節中他為甚麼會對顏色進行這樣的描寫：「(它)在玻璃中拐了彎——以逃避人們的跟踪。」換個角度說，如果但丁是在描述共濟會儀式中的光的話，詩篇中其他寫到光的地方就令人難以理解了。

現在讓我們來看另一個例子。在此例中，我們無法斷定一個詮釋是否正確，但同時也難以斷定它是否就一定是錯的。事情是這樣的：某些具有神秘主義色彩的詮釋活動不禁令人想起當代的解構理論。然而，即使對解構理論最為精明老練的代表人物來說，他們所玩的一些詮釋學遊戲卻並不否定詮釋必須遵一定的規則。下面這個例子講的是作為「耶魯解構學派」領袖人物之一的哈特曼(Geoffrey Hartman)是如何解讀華茲華斯一首「露西」詩[15]《昏睡蒙蔽了我的心》(A Slumber Did My Spirit Seal)的。

---

15 [譯注]「露西」(Lucy)係華茲華斯詩中經常出現的女性形象。據有關材料
　　表明，露西乃一虛構人物，但有現實人物作為基礎。

在這首詩中，詩人明顯地寫到了一個女孩的死：

> I had no human *fears*:
> She seemed a thing that could not feel
> The touch of earthly *years*.
> No motion has she now, no force;
> She neither *hears* nor sees;
> Rolled round in earth's *diurnal course*,
> With rocks, and stones, and *trees*.

> 我沒有絲毫人世間的恐懼：
> 她已與萬物同化
> 再也無法感受塵世的滄桑。
> 她一動不動，聲息全無；
> 她已閉目塞聽，
> 跟着大地在晝夜運行
> 連同那些岩石，石塊和樹林。

哈特曼在這首詩中發現了一系列的「喪葬」母題：

> 有人甚至在華茲華斯語言的潛意識中找到了一些並不恰
> 當的雙關語。於是引文第六行的diurnal（白晝）一詞就被
> 分解為die（死）和urn（甕，特指骨灰缸）；course（行程）一
> 詞在語音上會令人想起corpse（屍體）。然而，這些縮合的
> 雙關形式與其說具有豐富的表現力還不如說會惹麻煩；
> 我認為，這一詩節的魅力主要在於，詩人將grave（墳墓）

昂貝多·艾柯

一詞用地球引力的意象（gravitation）替換掉了（「跟着大地在晝夜運行」）。儘管對這一詩節的基調眾說不一，但顯然，有一個詞雖然在詩歌裏沒有出現但其聲音卻迴盪在整個詩節的字裏行間。這是一個與fears（恐懼），years（歲月）和hears（聆聽）有着相同韻腳的詞，但在詩中卻被最後一個音節trees（樹林）給替換掉了。這個詞就是tears（眼淚）。有了tears這個詞，那個關於宇宙和自然的生動隱喻一下子就獲得了生命，詩人的哀傷遂如田園輓歌一樣在大自然中迴響。然而，tears在詩中卻要讓位於那個被明確地寫出來的、沉悶但卻很堅定的變位字：trees[16]。

值得注意的是，儘管die, urn, corpse和tears等詞可以以某種方式從詩歌本文的另外一些詞推想出來（即diurnal, course, fears, years以及hears），但使人聯想起grave的gravitation一詞卻並沒有出現，而必須求助於讀者的聯想與想像性替換。而且，tears也不是trees的變位字。如果我們想證明一個顯在的A是另一隱在的B的變位字，那麼我們必須顯示出，如果將A的字母順序重新加以組合，必須不多不少地可以產生出B來。如果缺少一些字母，這個遊戲就不再有效。*Top*（頂部）是*pot*（罐子）的變位字，但不是*port*的變位字。因此，在「在場」（*in praesentia*）的語音相似與「缺席」（*in absentia*）的語音相似之間，永遠存在着一種不穩

16　哈特曼(Geoffrey H. Hartman)，《小札》(*Easy Pieces*, New York, Columbia University Press, 1985), pp.149–50.

定的搖擺關係。儘管如此，哈特曼的解讀即使不能完全令人信服，至少也聽起來非常迷人。

哈特曼當然並不是認為華茲華斯主觀上有使人產生這些聯想的意圖——這種追求作者意圖的做法不符合哈特曼的批評原則。他只不過是想說，一個敏銳的讀者在本文中發現這些東西完全合乎道理，因為這些聯繫的產生——至少是潛在地——是受到本文的激發的，而且，詩人完全有可能(也許是無意識地)在其作品的主題之外創造出某些「和聲」來。即使不是作者，我們也完全可以認為是作品的語言創造了這些繚繞不絕的餘音。就華茲華斯這首詩而言，儘管一方面沒有甚麼東西能證明它暗示了「墳墓」或「眼淚」，但另一方面也沒有甚麼東西能夠證明可以排除這一點。哈特曼的解讀與詩歌本文的其他方面並不矛盾。有人可能會認為他的詮釋過於大膽；然而他的解釋一點也不荒謬。證據可能不很充足，但卻很有說服力。

從理論上說，人們總是可以創造出某種體系使原本毫無聯繫的東西產生出合理的聯繫。但就具體本文而言，必須有證據才能將某個語義從相關的「語義同位群」(semantic isotopy)中分離出來。格雷馬斯將「同位群」(isotopy)定義為「多重語義範疇的綜合體，這個綜合體使我們有可能對一個故事進行規範性的解讀」[17]。我們可以從本文眾多的同位語義中分離出一個可能的語

17　格雷馬斯(A.J. Greimas)，《論意義》(*Du sens*, Paris, Seuil, 1979), p. 88.

　　　　　　　　　　　　　　　昂貝多·艾柯

義來，但由於分離方法的不同所得到的結果可能會大相逕庭。有一個最明顯(也許是最可笑)的例子。在一次聚會上，有兩個人在一起交談。第一個人大大稱讚食物的精美，服務的周到，主人的慷慨以及女主人的美麗，最後，他稱讚起主人的toilettes佈置得多麼的精緻[18]。第二個人卻回答說他可沒「去過那兒」。這只不過是個笑話，之所以可笑這是因為這個人將法語的toilettes這個多義詞理解為衛生間而不是梳妝枱。他之所以理解錯了是因為他忽視了上下文的語境。第一個人的整個談話涉及的都是一個社交活動而不是水渠裝修的問題。從一個語義同位群中確認出一個語義同位素的第一個步驟是對某一特定話語所涉及的話題進行推測：進行了這樣的推測之後，接下來才去確認其具體內容[19]。如果那第二個人搞清楚了第一個人所談論的主題是甚麼，知道他正在談論的是一次社交活動中各方面的情況的話，他就不會出那樣的笑話，就能夠正確地斷定toilettes一詞的正確含義了。

自然，要斷定談論的內容究竟是甚麼，這是一場詮釋學的賭博。但交談的語境卻使這種賭博的把握無論如何要比俄羅斯輪盤賭的把握大得多。哈特曼對華茲華斯詩歌的解釋有一大優勢是，他是在對一個恆定的同位語義(「喪葬」)進行賭博。在同位語義上下賭注當然是一

18　[譯注] toilettes一詞兼具「洗水間」與「梳妝枱」二義。

19　參見艾柯《讀者的作用》(*The Role of the Reader* (Bloomington, Indiana University Press, 1979), p. 195.

個極好的詮釋準則，但這只有當這些同位語義不過於寬泛才行。這一原則同樣適用於隱喻。當兩個語言學術語具有一個或多個共同的語義特徵時，我們就可以用喻辭（vehicle）去代替喻旨（tenor）。當我們這樣做時，一個隱喻也就產生了：我們可以把阿基里斯[20]比作一頭獅子，因為二者都非常勇猛；但是如果我們因為他與鴨子都具有兩隻腳而將其比作一隻鴨子的話，大家是肯定不會接受的。因為很少有其他東西有阿基里斯和獅子那樣勇猛，但像阿基里斯和鴨子那樣有兩隻腳的東西則比比皆是。一個比喻或者類比，不管其來自何處，重要的是要非常獨特（至少是通過一定的描述獲得這種獨特性），能抓住二者關係的本質。阿基里斯與鬧鐘之間因同是物質性客體而具有的相似性就毫無用處。

這個古典的爭論面臨着一個二難困境：要麼旨在在本文中發現作者意欲說出的東西，要麼旨在發現本文獨立表達出來的、與作者意圖無關的東西。只有接受了後一種觀點之後，我們才可以進一步去追問：根據本文的連貫性及其原初意義生成系統來判斷，我們在本文中所發現的東西是否就是本文所要表達的東西；或者說，我們所發現的東西是否就是本文的接受者根據其自身的期待系統而發現的東西。

顯然，我試圖在「作品意圖」與「讀者意圖」之間

20 [譯注]阿基里斯(Achilles)，希臘神話中最重要的英雄之一，特洛伊戰爭中希臘軍第一主將，以勇武著稱。

昂貝多·艾柯

保持某種辯證的關係。問題是，儘管或許你能明白「讀者意圖」到底是甚麼意思，但看來卻難以對「本文意圖」進行簡單的抽象界定。「本文的意圖」並不能從本文的表面直接看出來。或者說，即使能從表面直接看出來，它也像愛倫‧坡小說中「失竊的信」那樣暗藏着許多殺機。因此，本文的意圖只是讀者站在自己的位置上推測出來的。讀者的積極作用主要就在於對本文的意圖進行推測。

本文被創造出來的目的是產生其「標準讀者」(the model reader)。我想重複強調一下，這種標準讀者並不是那種能作出「唯一正確」猜測的讀者。隱含在本文中的標準讀者能夠進行無限的猜測。「經驗讀者」(the empirical reader)只是一個演員，他對本文所暗含的標準讀者的類型進行推測。既然本文的意圖主要是產生一個標準讀者以對其自身進行推測，那麼標準讀者的積極作用在於能夠勾勒出一個標準的作者(model author)，此標準作者並非經驗作者(empirical author)，它最終與本文的意圖相吻合。因此，本文就不只是一個用以判斷詮釋合法性的工具，而是詮釋在論證自己合法性的過程中逐漸建立起來的一個客體。這是一個循環的過程：被證明的東西已經成為證明的前提。我這樣來界定那個古老然而卻仍然有用的「詮釋學循環」，一點兒也不感到勉強。

確認「作者意圖」實際上就是確認一種語義策略(a semiotic strategy).有時這種語義策略可以根據業已確立起

來的文體成規（stylistic convention）來判斷。如果一個故事以「很久很久以前」開頭，它極有可能是個童話故事，其假定的標準讀者是個小孩（或者一個急於想重現兒童心態的成人）。當然，這也許只不過作者耍的一個小小的反諷花招，接下來的本文可能與童話根本無關，應當以一種更老練的方式去閱讀。但即使通過對本文的進一步閱讀，我們發現情況的確如此，我們還是可以十分肯定地確認，這個本文的確試圖以童話的方式開頭。

怎樣對「作品意圖」的推測加以證明？唯一的方法是將其驗之於本文的連貫性整體。還有一種觀點也很古老，它來源於奧古斯丁的宗教學說（《論基督教義》*De doctrina christiana*）：對一個本文某一部分的詮釋如果為同一本文的其他部分所證實的話，它就是可以接受的；如不能，則應捨棄。就此而言，本文的內在連貫性控制着，否則便無法控制讀者的詮釋活動。博爾赫斯（在談及他所創造的一個人物時）曾認為，將《摹仿基督》（*Imitation of Christ*）解讀為塞林那（Céline）的作品將是令人振奮的[21]。這種遊戲很有趣，並且在學術上也可能很有啟發性。我嘗試了一下；我果真發現了具有塞林那風格的句子（「優雅青睞卑微的東西，也不討厭艱澀的東西，它喜歡身著髒兮兮的服裝」）。但這種解讀只適用於這一作品中極少數幾個句子，無法適用於作品的全部。反之，

21　博爾赫斯(Jorge Luis Borges)，《杜撰》(*Ficciónes*, Buenos Aires, Sur, 1944).

昂貝多·艾柯

如果我將其作為中世紀基督教的百科全書來讀，作品本文的每一部分似乎都連貫一致了。

我明白，在讀者意圖與本文意圖的辯證關係中，經驗作者的意圖被完全忽視了。我們有權去問華茲華斯寫「露西」詩時其「真正的」意圖到底是甚麼嗎？我認為，本文詮釋是旨在發現一種策略，以產生一個「標準的讀者」：我將這種「標準讀者」視為「標準作者」的對應物。我明白，這種觀點使「經驗作者的意圖」這一概念變得毫無用處。我們必須尊重本文，而不是實際生活中的作者本人。然而，認為可憐的作者與本文詮釋毫不相干而將其排斥出去的做法可能會顯得極為武斷。在語言交往過程中存在着許多同樣的情況：説話者的意圖對理解他所説的話至關重要；特別是在日常生活交流中更是如此。一封寫着「我很快樂」的匿名信可以指向無限多的客體，也就是説，它適用於所有那些自認為不是很哀傷的人。但如果此時此刻我本人説「我很快樂」，無疑我的意圖是想表明快樂的是「我」而不是別人；如果你們想有效地與我進行交流，就必須進行這樣的猜測。然而，我們可以用同樣的方式去詮釋那些經驗作者仍然健在、並且可能會對你的詮釋反駁説「不，我不是這個意思」的本文嗎？這將是我下一講的主題。

───── 3 ─────
在作者與本文之間

昂貝多·艾柯

　　在上一講「過度詮釋本文」的末尾，我提出了一個很激烈的問題：我們還關注本文的經驗作者嗎？當我和別人說話時，我極力想探明說話者的意圖；當我收到朋友的來信時，我極力想弄明白寫信人到底想說些甚麼。因此，當我讀到德里達對約翰·塞爾(John Searle)的作品進行一種任意切割的遊戲時[1]，我感到非常困惑。或者說，我僅僅將其作為一種令人眼花繚亂的哲學遊戲看待；我並沒有忘記，儘管澤諾(Zeno)極力想顯示運動的不可能性，但他同時也明白：為了表達他的這種思想，他至少得動一動他的嘴唇和舌頭。不過，在有些特殊情況下，我倒是與那些「讀者中心」的批評理論深有同感。當本文被放入一個瓶子中時 —— 不僅詩歌和敘事性本文如此，就連康德的《純粹理性批判》亦然 —— 也就是說，當本文不是面對某一特定的接受者而是面對一個讀者群時，作者會明白，其本文詮釋的標準將不是他或她本人的意圖，而是相互作用的許多標準的複雜綜合體，包括讀者以及讀者掌握(作為社會寶庫的)語言的能力。我所說的作為社會寶庫的語言不僅指具有一套完整

1　德里達(Jacques Derrida),「有限公司」(Limited Inc.), *Glyph*, 2 (1977), 162-254.

的語法規則的約定俗成的語言本身，同時還包括這種語言所生發、所產生的整個話語系統，即這種語言所產生的「文化成規」(cultural conventions)以及從讀者的角度出發對本文進行詮釋的全部歷史。

顯然，閱讀行為必須將所有這些因素都考慮進去，儘管單個的讀者不可能掌握它們的全部。因此，每一閱讀行為都是讀者的能力(讀者對整個世界的認識)與某一給定本文為了能夠得到簡潔「經濟」的解讀，人們假定它所具有的那種能力之間一種複雜的相互作用。在《荒野中的批評》中，哈特曼曾對華茲華斯的詩句「我像一朵雲一樣孤獨地漂泊」進行了精妙的分析[2]。我記得，一九八五年在美國西北大學的一次討論會上，我曾對哈特曼說他是一個「溫和的」解構主義者，因為他不會像《花花公子》的當代讀者那樣去解讀華茲華斯下面的這句詩：

A poet could not but be gay[3]

換句話說，一位敏銳而有責任心的讀者並沒有去揣測華茲華斯在寫這句詩時頭腦中到底正在想些甚麼的義務，但他卻有責任考慮華茲華斯時代語言系統的基本狀況。

2　哈特曼(Geoffrey Hartman)，《荒野中的批評》(*Criticism in the Wilderness*, New Haven, Yale University Press, 1980), p. 28.

3　[譯注]這句詩的大意是：詩人是一個快樂的精靈。gay這個詞除了「快樂」外，還有「同性戀」的意思。

　　　　　　　　　　　昂貝多·艾柯

在那個時代，gay這個詞還沒有任何「性」的內涵。承認這一點意味着認同從作品與其社會文化語境相互作用的角度去對作品進行分析的方法。

在《讀者的作用》一書中，我強調了「詮釋本文」（interpreting a text）與「使用本文」（using a text）之間的區別。我當然可以根據各種不同的目的自由地「使用」華茲華斯的詩歌本文：用於戲仿（parody），用來表明本文如何可以根據不同的文化參照系統而得到不同的解讀，或是直接用於個人的目的（我可以為自我娛樂的目的到本文中去尋找靈感）；但是，如果我想「詮釋」華氏本文的話，我就必須尊重他那個時代的語言背景。

如果我在一個瓶子裏面發現了華茲華斯的本文並且不知道這個本文是甚麼時候由甚麼人寫的，情況又會怎麼樣呢？當遇到gay這個詞時，我將首先去看一看本文的其他部分是否會支持我對其所作的性的解釋，是否會允許我認為它傳達了同性戀的內涵。果真如此的話（顯而易見，或至少是很有説服力），我就可以嘗試着作出如下的假設：這個本文不可能是一位浪漫主義詩人的作品，而只能出自一位當代作家之手——也許，他是在刻意模仿某位浪漫主義作家的風格。我自己的知識與那個未知的作者的知識之間進行了一種複雜的相互作用，在此相互作用的過程中，我並沒有對作者的意圖進行揣測，我進行揣測的只是「本文的意圖」，或者説，運用本文策略能夠確認出來的那個「標準作者」的意圖。當羅倫佐·

瓦拉(Lorenzo Valla)證明《君士坦丁憲章》(Constitulum Constantini)是偽造時，這個判斷可能受了他的個人偏見的影響，因為他堅持認為君士坦丁大帝從未想過要將世俗權力交給教皇。不過，在進行語言學分析時，他關注的卻並不是對君士坦丁大帝意圖的詮釋。他想表明的是，某些語言表達法在四世紀初是不可能產生的。其標準作者不可能是那個時代的一個羅馬作家。最近，我的一個學生毛羅·弗拉雷西(Mauro Ferraresi)提出，在「經驗作者」與「標準作者」(這顯然只不過是一種「本文策略」)之間還隱約地存在着一個第三者，他將其稱為「閾限作者」(the Liminal Author)或「處於門檻上的作者」——處於特定的「作者意圖」與本文策略所顯示出的「語言意圖」之交叉位置的作者。

現在，讓我們回到哈特曼對華茲華斯「露西」詩的分析(在第二講裏已討論過)。華茲華斯詩歌本文的意圖一定是想通過對韻律的巧妙使用暗示出——要想質疑這一點是很困難的——fears與years之間，force與course之間的緊密聯繫。但我們能肯定華茲華斯本人意欲使讀者在trees和tears之間、以及缺席的gravitation與缺席的grave之間產生「讀者哈特曼」所發現的那種聯繫嗎？不必裝神弄鬼，也不必冒險，讀者完全可以進行如下的推測：如果一個正常的說英語的讀者會受到在「在場的詞」與「缺席的詞」之間尋找語義關係的誘惑，那麼我們為甚麼不能去推測，即使是華茲華斯也會無意之中受到那些和聲

　　　　　　　　　　昂貝多·艾柯

效果的誘惑呢？我——讀者——並沒有賦予華茲華斯先生一個明確的意圖；我只是在懷疑，當華茲華斯不再是實際生活中的人、也不只是一個本文，而是處於二者之間的某個中間位置時，他可能會迫使他筆下的詞語（或是那些詞語迫使他）建立起一系列的相互聯繫。

在甚麼程度上讀者會歡迎「閾限作者」這樣一個模模糊糊、鬼里鬼氣的概念呢？意大利浪漫主義時期最美麗、最有名的詩歌之一是萊奧帕爾迪[4]的《致塞爾維亞》（A Silvia）。這是寫給一個叫塞爾維亞的女孩的一首情詩，詩以「塞爾維亞」的名字開頭：

Silvia rimembri ancora
quel tempo della tua vita mortale
quando beltà splendea
negli occhi tuoi ridenti e fuggitivi
e tu lieta e pensosa il limitare
di gioventù salivi?
(Silvia are you still remembering that time of your mortal life when beauty was radiating in your smiling fugitive eyes, and you, gay and pensive, were ascending the threshold of your youth?)[5]

4　[譯注]萊奧帕爾迪(Giacomo Leopardi, 1789-1837)，意大利詩人和哲學家，以抒情詩著稱，所寫名篇有政治抒情詩《致意大利》，《但丁紀念碑》等，出版有《歌集》以及闡明其悲觀哲學思想的《道德小品集》等。

5　[譯注]大意是：塞爾維亞，你還記得你含笑的眼睛中流溢出曇花一現的美麗的那些塵世的歲月嗎？你可曾知道，當你快樂地緊蹙着眉頭時，你已經是在邁過你青春的門檻了嗎？

不要問出於甚麼樣的無意識動機，我決定在我這個非常粗略的英譯文中使用諸如「門檻」(threshold)，「塵世」(mortal)以及「快樂」(gay)這樣的字眼，這些字眼實際上將引發出我這次演講的其他一些關鍵詞。有趣的是，詩的第一節以Silvia開始而以salvi結束，而salvi是Silvia的標準變位字。在此例中，我既不會勉強地去尋找經驗作者的意圖，也不會尊重「閾限作者」的無意識反應。本文就在你的面前，變位就在你的面前；而且，有無數的批評家已經強調過「i」這個元音在這節詩中所佔的壓倒一切的優勢地位。

　　顯然，我們可以在此基礎上更進一步：我們可以，正如我所要做的，在詩的其餘部分去尋找silvia的其他變位字。我可以告訴大家，可以找到許多「準變位字」。我之所以用「準變位字」這個詞是因為意大利語中silvia唯一可靠的變位字就是salvi。但是，可能存在一些隱含着的、不完全的變位字。比如：

> e tu SoLeVI (...)
> mIraVA IL ciel Sereno (...)
> Le VIe DorAte (...)
> queL ch'Io SentIVA in seno (...)
> che penSIeri soA VI (...)
> LA VIta umana (...)
> doLer dI mIA SVentura (...)
> moStrA VI dI Lontano.

「閾限作者」腦中縈繞着他心愛的姑娘的名字，那甜美的聲音是完全可能的。我們完全有理由認為，讀者有權享受本文提供給他或她的所有那些美妙的和聲效果。然而，這樣一來，閱讀行為就不可避免地使本文的詮釋與本文的使用雜合在一起。簡潔的標準變得異常微弱。我認為，詩人超越於其經驗意圖之外而念念不忘於某個名字是完全可能的。為了更進一步探討這個問題，接下來我將轉向彼得拉克。眾所周知，彼得拉克愛着一位叫做羅拉（Laura）的姑娘。不用説，我在彼得拉克的詩中找到了Laura這個詞的許多準變位字。但由於我同時是個疑心很重的符號學家，我又做了件可能會受到指責的事。我到彼得拉克詩中去找Silvia而到萊奧帕爾迪詩中去找Laura。我得到了一些非常有趣的結果——儘管我得承認，這些結果在數量上並不那麼令人信服。

我相信，以Silvia為題的這首詩對此六個字母情有獨鍾，這有着無可辯駁的證據；但我同時也明白，意大利字母表總共不過二十一個字母，就是在意大利憲法中也有可能發現許多Silvia的準變位字。我們推想萊奧帕爾迪頭腦中時時縈繞着silvia這個聲音是符合簡潔「經濟」的原則的。但幾年前我的一位學生所做的事情可能就不那麼符合這一原則了：他試圖在萊奧帕爾迪的全部詩作中去尋找melancholy（憂鬱）一詞的離合字（acrostics）。找到它們並不是沒有可能，只要你認為並不一定非得到每句詩的頭一個字母中去找，在整個本文中東奔西跑總是可以

找到的。但這種「蚱蜢式批評」(grasshopper-criticism)不能夠解釋萊奧帕爾迪為何要發明這樣一種希臘式或早期中世紀式的玩意兒，因為其整個詩作——甚至是每一首詩——都明確地表明他是多麼憂鬱。我認為，當他努力運用別的技巧力圖明確而清晰地表達他的感情時，認為他竟然會浪費寶貴的時間去玩弄一些秘密的信息是不符合簡潔「經濟」的原則的。當他能用更好的方式去表達他要說的東西時，懷疑萊奧帕爾迪竟然假裝成卡雷(John Le Carré)作品中的一個人物來說話是很不「經濟」的。我並不是認為在詩歌作品中去尋找隱含着的信息是徒勞無益的：我只是在說，儘管這也許對別的作家的作品來說很有啟發，但對萊奧帕爾迪而言卻很荒謬。

然而，存在着某種特殊的情況，這時求助於經驗作者的意圖會非常有趣。有時作者還活在世上，批評家對其作品作出了許多詮釋，這時去問一問實際生活中的經驗作者本人究竟明不明白他的作品在多大程度上能支持這麼多的詮釋，將會是非常有趣的。就此而言，作者的回答並不能用來為其本文詮釋的有效性提供根據，而只能用來表明作者意圖與本文意圖之間的差異。這一實驗的目的不是批評性的，而是理論性的。

最後還有一種情形是，作者同時也是一位理論家。這時可能從他那裏得到兩種不同的反應。在某些情況下，他會說：「不，我不是這個意思，但我必須承認作品本文確實隱含着這個意思，感謝讀者使我意識到了這

　　　　　　　　　　　　昂貝多 · 艾柯

一點。」或者是:「我之所以認為頭腦清晰的讀者不應該接受這樣的詮釋,是因為它不符合簡潔經濟的原則,這與我到底有沒有這方面的意圖沒有關係。」

這樣一種過程實在有點冒險,因此我在這篇關於詮釋的論文裏不打算使用它。只有今天,當我置身於你們這一小群快樂的聽眾之中時,我才想用它來作一次實驗。今天所發生的事不足為外人道:我們是在進行一些不必承擔責任的遊戲,就像原子彈科學家在遐想着一些未來的危險事物與一些見不得人的戰爭遊戲一樣。出於這一考慮,今天我就權且既充當科學家又充當供科學家實驗的對象,告訴你們:作為兩本小說的作者,當面對着對這些小說的某些詮釋時我究竟是怎麼想的。

我在《玫瑰之名後補》一書中曾講到了一個作者必須向讀者甘拜下風的例子[6]。當我讀到這部小說的評論文章時,心中不禁猛地一動,因為我發現有個批評家引述了威廉和阿德索[7]在審訊結束時的一個對話。「你最怕甚麼?」阿德索問。威廉回答說:「性急。」[8] 我一直很喜歡這兩句話。但後來我的一位讀者向我提出,在同一頁上,伯納德·桂(Bernard Gui)在拷問地窖工時說:

---

6   艾柯《玫瑰之名後補》(*Postscript on the Name of the Rose*, New York, Harcourt Brace, 1984),在英國的版本名為《關於玫瑰之名的思考》(*Reflections on the Name of the Rose*, London, Secker & Warburg, 1985)。

7   同上,p. 85.

8   [譯注]威廉和阿德索都是《玫瑰之名》中的人物。英國教士威廉奉奧匈帝國皇帝之命到意大利一修道院去調查,阿德索是他的助手。看來這兩人也是《玫瑰之名後補》裏面的人物。

「正義並不像那些假使徒們所相信的那樣是靠性急得來的；幾個世紀以來，上帝的正義都是由他自己自由支配的。」這位讀者問，我想在威廉所懼怕的「性急」與伯納德所否定的「性急」之間建立一種甚麼樣的聯繫。我無言以對。實際情況是，在初稿中，阿德索與威廉之間的對話並不存在。我加上這一小段對話乃出於形式上更和諧更均衡的考慮：我在再次寫到伯納德之前需要一個小插曲將其引入。而我完全忘記了伯納德一會兒之後將會談到「性急」的問題。伯納德使用的是一種陳舊的表達法，就像法官在法庭中說「法律面前人人平等」之類的老生常談一樣。我沒有想到，當與威廉提到的「性急」放到一起時，伯納德所說的「性急」就有某種特殊的效果；讀者完全有理由去猜測這兩個人說的是不是同一個東西，或者威廉對「性急」的厭惡與伯納德對「性急」的厭惡有甚麼明顯的不同。本文就在那兒，它產生了其自身的效果。不論作為經驗作者的我是想它這樣還是想它那樣，我們現在都必須面臨着同樣的問題，一個模糊不清的問題。儘管我明白在本文之中一定隱含着某種意義(也許隱含着「許多」意義)，但要我自己對此衝突和困惑作出解釋，我卻感到很尷尬。

　　現在，請允許我再舉一個相反的例子。海倫納‧科斯迪烏科維奇在將《玫瑰之名》譯為俄文前(譯得相當精彩)，寫過一篇很長的評論[9]。她指出，在愛彌兒‧益

9　Helena Costiucovich, "Umberto Eco. Imja Roso", *Sovriemiennaja hodoziestviennaja*

昂貝多‧艾柯

赫瓦(Emile Henroit)所寫的一本書中(《布拉迪斯拉發的玫瑰》 *La rose de Bratislava,* 1946),也可以找到追尋神秘手稿以及圖書館失火這樣的情節。他的故事發生在布拉格,而我在小說的開頭也提到過布拉格。更有甚者,我的書中有一位圖書館員名叫貝倫加(Berengar),而盎赫瓦的小說有個圖書館員的名字是貝爾加爾·馬赫(Berngard Marre)。作為經驗作者,說我從沒讀過盎赫瓦的小說、甚至不知道有這樣一部小說,是完全沒有用的。我以前也遇到過這樣的情況:有些批評家在我的小說中發現了一些他們認為我本人完全清楚地意識到了的材料。我很高興他們如此狡猾地發現了那些被我「如此狡猾」地隱藏起來以等待他們去發現的東西(比如,將阿德索與威廉之間在敘事上的關係比附於托馬斯·曼的小說《浮士德博士》中塞里納斯·澤特布洛姆[Serenus Zeitblom]和阿德里安[Adrian]二人之間的關係)。我竟然曾讀到過我根本上不知道其存在的東西!我很高興有人竟認為我是有意這麼旁徵博引以顯示我的博學。(最近,一位研究中世紀的年輕學者告訴我,加西奧多拉斯[Cassiodorus]的作品中也出現過一位盲人圖書館員。)我還讀到過這樣一些分析與評論:有些批評家在我的作品中發現了我所受到的一些影響,他們認為儘管我在寫作時並沒有意識到這些影響的存在,但在年輕時我肯定讀到過這些書,並且在無意識中受到了它們的影響。(我的一位朋友喬治·切利

litieratura za rubiezom, 5 (1982), 101ff.

[Giorgio Celli]告訴我，我小時侯一定讀過梅勒斯科夫斯基[Dmitri Mereskovskij]的小説。我承認他是對的。）

作為《玫瑰之名》的一個自由讀者，我認為，海倫納·科斯迪烏科維奇的論點並不能證明甚麼有趣的東西。尋找秘密手稿與圖書館失火是非常普通的情節，我可以舉出許多同樣的例子。我確實在小説的開頭提到了布拉格，但如果我用的不是布拉格而是布達佩斯，又有甚麼區別呢？布拉格在我的故事中並不重要。順便提一下，當我的這部小説被譯介到一些東方國家時，有的譯者曾打電話給我説，在書的開頭提到俄國對捷克斯洛伐克的入侵有些令人難以接受。我回答説我不會對作品作任何改動！如果出甚麼問題的話，責任可不在我身上。接着，我開了個玩笑，補充説：「我將布拉格放在作品的開頭是因為，對我而言，它是最有魅力的城市之一。但我同樣喜歡都柏林。用都柏林替換布拉格吧。這沒有任何區別。」他們回答説：「但都柏林沒有受到俄國的入侵呀！」我回答説：「這可不是我的錯。」

還有，貝倫加與貝爾加爾也可能只是一種巧合。但無論如何，「標準讀者」也許會認為這四種巧合(手稿，大火，布拉格，以及貝倫加)是很有趣的；作為經驗作者，我無權反駁。好吧，為了對此事保持冷靜的態度，我姑且正式承認：我的本文有向愛彌兒·盎赫瓦表示敬意的意圖。然而，海倫納·科斯迪烏科維奇卻找出了更多的東西以證明我與盎赫瓦之間的類似。她

説，在益赫瓦的小説中，人們所覬覦的手稿是卡薩諾瓦 (Casanova)的《回憶錄》(*Memoirs*)的原始抄本。而我的小説中有個次要角色名叫「諾瓦卡斯特羅的雨果」(Ugo di Novocastro，英譯文是Hugh of Newcastle)。科斯迪烏科維奇得出結論説：「我們只有從一個名字轉向另一個名字，才有可能聯想到玫瑰的名字。」作為經驗作者，我可以説，「諾瓦卡斯特羅的雨果」並非我的獨創，而是一個真實的歷史人物，這個人物在我所使用的中世紀材料中被人提到過；小説中方濟各會代表團與教皇代表團之間的會議這個插曲，實際上乃摘引自一本中世紀的編年史。但讀者不必瞭解這一點，也不必考慮我的看法。我認為：Newcastle不是Casanova的準確英譯。Casanova應譯為Newhouse，顯然，castel並不等於house(在意大利語或拉丁語中，Novocastro的意思是「新城」[New Cities]或「新營」[New Encampments])。因此，如果「Newcastle」可以暗示「Casanova」的話，它為甚麼不同樣可以暗指「牛頓」(Newton)呢？除此之外，還有其他本文方面的因素可以證明科斯迪烏科維奇的假設是不「經濟」的。首先，「諾瓦卡斯特羅的雨果」在小説中只是一個極為邊緣性的人物，且與圖書館毫不相干。如果作品想暗示出雨果與圖書館之間(以及他與手稿之間)的確切聯繫的話，不應該就此將其一筆帶過，而應多花費一些筆墨。然而作品一個字也沒有明確表示這種聯繫。其次，卡薩諾瓦是一個 —— 至少百科全書裏是這麼説的 —— 情場

老手，一個浪子，而小說中卻沒有任何東西可以使讀者對雨果的品德產生懷疑。第三，卡薩諾瓦的手稿與亞里士多德的手稿之間並沒有顯然的聯繫，並且小說中沒有任何東西可以暗示出縱慾這種行為應該受到鼓勵。尋找與卡薩諾瓦的聯繫不可能會有甚麼結果。貞德(Jeanne d'Arc)生於多雷米(Domrémy)；這個詞暗示着音階的前三個音符(do, re, mi)。莫利·布魯姆(Molly Bloom)與一男高音布拉茲·波依蘭(Blazes Boylan)墮入了愛河；blaze(火焰)一詞令人想起貞德所受的火刑。然而，那種認為莫利·布魯姆是貞德的隱喻的假設並不能有助於我們對《尤利西斯》(Ulysses)這部小說有甚麼有趣的發現(即使將來有那麼一天，有那麼一位喬伊斯批評家果真急於嘗試這一方法，也不會改變這一結論)。當然，如果有別的詮釋者證明與卡薩諾瓦的聯繫這一思路能夠產生某種有趣的詮釋途徑的話，我倒是樂於改變我的看法；不過現在，作為我自己小說的「標準讀者」，我有理由認為，這樣一種假設幾乎沒有甚麼價值。

有一次，在一個辯論會上，一位讀者問我小說中「最大的快樂在於知足」這句話是甚麼意思。我心中一慌，發誓說從沒寫過這個句子。我當時之所以這麼肯定是有許多理由的：首先，我並不認為快樂在於知足；其次，一個中世紀的人不可能認為快樂在於知足，在於滿足現狀、有你所有，因為對於一個中世紀人而言，快樂只是一種「來世」的狀態，必須通過「現世」的許多磨

　　　　　　　　　　　昂貝多·艾柯

難才能達此境界。於是，我就再一次肯定我從未寫過那個句子。我的這位讀者則目瞪口呆，不相信作者居然會認不出自己所寫的東西。

後來，我自己碰到了這個句子。它出現在阿德索在廚房裏享受到性愛的無比歡樂之後這個特殊的語境之中。這一插曲，讀者肯定可以猜到，完全是根據《聖經》中的《雅歌》以及中世紀的神秘學說構造出來的。即使讀者沒有發現這一來源，他們無論如何也可以猜到它描寫的是一個年輕人第一次(可能也是最後一次)性愛經歷之後的心情。如果你將這句話的上下文(我指的是我小說中的上下文，而不是其中世紀來源的上下文)重讀一遍的話，你會發現它原來是這樣的：「啊！上帝！當靈魂被抽空了時，唯一的好處在於能見你所見，最大的快樂在於能有你所有。」因此，快樂在於知足、在於有你所有，這句話並非在任何情況下都能成立，而只有在那種經歷了極樂之後的狂喜心境中才能成立。在比例中，我們沒有必要知道經驗作者的意圖：因為作品本文本身的意圖非常明顯；如果英語詞匯具有某種約定俗成的意義的話，本文所說的東西與讀者(遵循某些個人閱讀習慣)自認為從本文中讀到的東西是可以不同的。在無法企及的作者意圖與眾說紛紜、爭持難下的讀者意圖之間，顯然還有個第三者即「本文意圖」的存在，它使一些毫無根據的詮釋立即露出馬腳，不攻而自破。

一個將其作品命名為《玫瑰之名》的作者應該準備

面對這一題目的多種詮釋。作為經驗作者，我認為我之所以選擇這一題目完全是為了給讀者以詮釋的自由：「玫瑰這一意象有如此豐富的含義，以至於現在它已經沒有任何含義了：但丁筆下神秘的玫瑰；代表愛情的玫瑰；引起戰爭的玫瑰；使藝術相形見絀的玫瑰；以許多其他名字出現的玫瑰；玫瑰就是玫瑰就是玫瑰就是玫瑰，玫瑰就是羅塞克盧主義者。」[10] 更有甚者，有人在莫萊克斯（Bernard de Morlaix）《論世俗的輕蔑》（*De contemptu mundu*）的某個早期手稿中發現，我從中所借用的 stat rosa pristina nomine, nomina nuda tenemus 這個詩句中的 stat rosa pristina nomine 本來應該讀作 stat Roma pristina nomine —— 這樣一來就與詩的其他部分更加吻合，因為這首詩寫的是已逝的巴比倫王國。因此，假使我當時發現了這一版本的話，我小說的題目就很有可能是《羅馬之名》而不是《玫瑰之名》了（這樣也就可能帶有某些法西斯主義的味道）。然而，非常遺憾的是，我小說的題目畢竟是《玫瑰之名》而非《羅馬之名》；我明白現在要去阻止「玫瑰」一詞所引發的無窮無盡的聯想是多麼困難。也許我當時只是想盡可能多地開拓一些詮釋的空間，沒想到竟使這些詮釋彼此互不相干，結果是產生了一連串互不相干的詮釋。但作品本文就在那兒，經驗作者必須保持沉默。

然而，還存在着另外的情形：經驗作者有時有權像

10　《關於玫瑰之名的思考》，p. 3.

　　　　　　　　　　　　　昂貝多・艾柯

「標準讀者」那樣作出反應。我非常欣賞羅伯特‧弗萊斯納(Robert Fleissner)那本精彩的書：《玫瑰之別名：對文學中植物形象的考察——從莎士比亞到艾柯》[11]。(我倒是希望莎士比亞會因其大名與鄙人聯繫在一起而感到自豪。)弗萊斯納在我的玫瑰與世界文學中所有其他的玫瑰之間發現了許多聯繫，我認為其中下面這一點非常有趣：弗萊斯納想揭示出艾柯的玫瑰是如何來源於柯南道爾(Arthur Conan Doyle)的一部小說(*Adventure of the Naval Treaty*)，而後者又是如何受到卡夫(Cuff)的小說《月亮石》(*The Moonstone*)的啟發的[12]。我的確是魏爾基‧科林斯(Wilkie Collins)的仰慕者，我也的確了解卡夫對花的熱情(在小說寫作的過程中更是如此)。我相信我讀過柯南道爾的全部作品，但我得坦率地承認我並不記得我讀過上面提到的那一篇。然而，我這種聲辯毫無作用：在我的小說中可以發現與柯南道爾的小說那麼多的明顯的聯繫，因而我的小說本文完全可以支持弗萊斯納的論點。

然而，儘管我坦率承認這一點，我還是發現弗萊斯納對我小說所作的詮釋有點「過度」了。為了表明我的威廉是如何「反映」了福爾摩斯(Holmes)對玫瑰的艷羨，他從我的書中引述了下面這個段落：

11　Robert F. Fleissner, *A Rose by Any Other Name: A Survey of Literary Flora from Shakespeare to Eco*, West Cornwall, Locust Hill Press, 1989.

12　同上，p. 139.

「檀木」[13]，威廉突然說，一邊彎下身子去觀察一棵小植物，在冬日光禿禿的灌木叢中，這棵植物分外顯眼：「其皮可入藥。」

奇怪的是，弗萊斯納的引文到這裏嘎然而止。而我的小說原文則在一個逗號後，接下去說：「可以治痔瘡。」老實說，我認為「標準讀者」不應該認為檀木暗指的是玫瑰——否則，任何一種植物都可指玫瑰；正如對於羅塞蒂而言，任何一種鳥都可以指鵜鴣一樣。

然而，經驗作者如何才能否定讀者在所用的詞語中發現的某些自由的語義聯想呢？令人極為高興的是，在《為玫瑰正名》(*Naming the Rose*)這本論文集中，有位作者在羅曼司(Umberto da Romans)與莫里蒙多的尼古拉斯(Nicholas of Morimonto)等人的名字上發現了一些隱喻性的含義[14]。羅曼司是一位真實的歷史人物，寫過一些勸諭女性的東西。我意識到，讀者可能會情不自禁地產生這樣的聯想：哦，這個名字的意思是說一位姓「艾柯」(Eco)的「昂貝多」(Umberto)寫了一篇「傳奇小說」(roman)！但即使作者真的設置了這樣一種形態上的雙關，這種雙關對理解這部小說來說也並沒有甚麼幫助。尼古拉斯的例子更為有趣：我的詮釋者認為，這位在小

13　[譯注]frangula，又名瀉鼠李，其皮可入藥，是一種輕度的瀉劑。

14　M. Thomas Inge ed., *Naming the Rose*, Jackson, Miss., University of Mississippi Press, 1988.

　昂貝多·艾柯

說結尾處大喊「圖書館着火了」並因而宣告了修道院這個小小自足世界的最後覆滅的修道士，其名字裏面暗含着「世界的死亡」的意思。

實際上，尼古拉斯的名字來自於意大利著名的莫里蒙多修道院(abbey of Morimondo)，這座修道院乃一一三六年由來自莫里蒙多的西多會修道士所建。當我給尼古拉斯取名字時，我還不知道他後來會喊出「修道院着火了」那句要命的話。無論如何，對於一個距莫里蒙多僅幾英里之遙的意大利本地人而言，這一名字既沒有「死亡」、也沒有「世界」的意思。還有，我根本上不清楚Morimond一詞乃源於動詞mori(死亡)和名詞mundus(世界)(也許mond源於德語的moon？)。因此，實際情形是，一個具有一定拉丁文或意大利文知識的非意大利裔讀者在這個名字中嗅到了「世界的死亡」的語義信息。這可與我毫不相干。然而，「我」又是甚麼東西呢？我的意識？我的本能(id)？我寫作時頭腦中所進行的語言遊戲？然而，本文就在那兒。我們倒是可以問一問這種聯繫是否有意義。自然，這與理解所述事件的過程沒有關係，但也許會與讀者理解這些事件所置身的文化語境有關 —— 在這種文化語境中，名字乃顯示神性的工具：*nomina sunt numina*。

在《福柯的鐘擺》裏，我把小說的一個主要人物命名為「卡索邦」(Casaubon)，當時我想到的是伊薩克·卡索邦(Isaac Casaubon)，他證明了《赫爾墨斯神智學》

這部書是偽造的[15]，聽過我前兩講的人已經知道了這一點。但如果你們同時也讀過我的《福柯的鐘擺》，你們肯定會在這位了不起的語文學家與我的小說人物之間發現一些有趣的相似之處的。我明白，可能很少有人能看出這一點；我同樣明白，就「本文策略」而言，這並非必不可少(我的意思是，即使對歷史上的真實人物卡索邦一無所知，人們仍然可以讀我的小說，瞭解「我」的卡索邦——許多作者都喜歡在本文中故意弄那麼一點兒玄虛，以滿足少數絕頂聰明的讀者的需要)。在完成我的小說之前，我偶然發現卡索邦還是喬治‧艾略特的小說《米德爾馬契》(*Middlemarch*)中的一個人物。幾十年以前我讀過這本書，但這本書卻從沒有進入我的「牀頭書」的行列。在此例中，作為一個「標準讀者」，我試圖去努力消除與喬治‧艾略特之間的可能聯繫。在《福柯的鐘擺》英文本第63頁，我們可以讀到貝爾博(Belbo)與卡索邦之間下面的一段對話：

> 「順便問一下，你叫甚麼名字？」
>
> 「卡索邦。」
>
> 「卡索邦。這不是《米德爾馬契》中的一個人物嗎？」
>
> 「我不知道。文藝復興時期有個語文學家也叫這個名字，但我與他毫不相干。」

15　艾柯《福柯的鐘擺》，維弗爾(William Weaver)英譯(London, 1989)。

　　　　　　　　　　　　　　　　昂貝多‧艾柯

我盡可能地避免與瑪麗‧安‧伊文斯(Mary Ann Evans)之間的聯繫，我認為這種聯繫毫無必要。然而，有位聰明的讀者大衛‧羅庇(David Robey)卻認為，艾略特的卡索邦正在寫《神話之鑰》(*A Key to All Mythologies*)這本書；這一現象並非偶然。作為「標準讀者」，我不得不接受這種聯想。作品本文加上百科全書式的學識使任何高明的讀者都有發現這種聯繫的能力。其意義不言自明。同樣，我的這部小說之所以命名為《福柯的鐘擺》是因為我小說中的鐘擺是里昂‧福柯(Léon Foucault)所發明的。如果它是弗蘭克林發明的話，那麼書的題目就可能是《弗蘭克林的鐘擺》而不是《福柯的鐘擺》了。這一次，我從一開始就意識到有人可能會從中看出這位福柯與大名鼎鼎的米歇爾‧福柯(Michel Foucault)之間的聯繫：我書中的人物念念不忘於「類比」，而米歇爾‧福柯正好寫過關於「相似性範式」的書。作為經驗作者，我對這樣一種聯繫並不感到很高興。這聽起來的確很像一個笑話，並且是一個不很高明的笑話。但里昂所發明的鐘擺是我小說故事的主角，我無法給它換個名字：因此，我希望我的「標準讀者」不要試圖去發現其與米歇爾‧福柯之間表面上的聯繫。然而，我很失望；不少聰明的讀者已經作出了這種發現。然而，本文就在那兒；也許他們是對的：也許是我自己該為這個膚淺的玩笑負責；也許這一玩笑本身並不膚淺。我不知道。到了現在，整個事情我已經無法控制。

喬蘇・穆斯卡(Giosue Musca)為我的小說寫過一篇評論，我認為這是我所讀到的最好的評論之一[16]。然而，一開始他就坦率地承認他被我作品中的人物給弄垮了。他決定努力去搜尋一些類似之處。他嫻熟地發現了一些(我希望被人發現的)引文與風格上的類似；他還發現了其他一些我並沒有想到但看來卻非常令人信服的聯繫；他扮演着一個妄想狂式讀者的角色，努力去找出那些使我驚愕但卻無法否認——即使我知道這些聯繫會將讀者導入歧途——的聯繫。譬如，那臺電腦的名字阿布拉菲亞(Abulafia)與書中三位主要人物的名字貝爾博(Belbo)，卡索邦(Casaubon)，迪奧塔列維(Diotallevi)的第一個字母連接起來就是ABCD。說在大部分小說中電腦使用的都是另外一個名字，直到小說的末尾才給它換了這個名字是沒有用的：讀者會反駁說，我無意中給它改了名字正好是為了取得這種字母順序的效果。貝爾博(Jacopo Belbo)喜歡威士忌而他姓名的首字母縮寫正好就是「J&B」[17]。說在大部分小說中他的名字一直是「斯特凡諾」(Stefano)只是到了最後才被換成「雅各伯」是沒有用的。

作為我自己小說的標準讀者，我所能提出的反駁只是：第一，如果小說中其他人物的名字的第一個字母不是從ABC一直延續到XYZ的話，ABCD這一序列對這部

16　Giosue Musca, La camicia del nesso, *Quaderni Medievali*, 27 (1989).

17　[譯注] J and B, Justerini & Brooks 是威士忌的一種。

作品來說就是無關緊要的；第二，貝爾博同時還喜歡馬丁尼酒，輕微的嗜酒傾向並不是他性格中最重要的因素。不過，另一方面，我也無法否定讀者的這樣一種看法：帕維斯(Cesare Pavese)出生在一種叫做貝爾博(Santo Stefano Belbo)的村子裏；因此，我的貝爾博，這位憂鬱的皮埃蒙特人，可以令人聯想起帕維斯。不錯，我是在貝爾博河邊度過我的青年時代的(在那兒，我經受了許多考驗，後來我將這些都安排到雅各伯‧貝爾博的身上。)但我知道，我在小說中選擇貝爾博這個名字一定會以某種方式使人聯想起帕維斯。的確，在構想我的這位皮埃蒙特同鄉時我想到了帕維斯。因此我的標準讀者有理由發現這樣一種聯繫。我所能做的只是坦率地承認(作為一個經驗作者，正如我在前面所說過的)：在初稿中這個人物的名字是斯特凡諾‧貝爾博，以後我將它換成了雅各伯‧貝爾博，因為 —— 作為標準作者 —— 我不想讓我的作品產生這樣一種聯繫。但看來這樣做顯然並不夠；然而，讀者是對的。即使我的貝爾博換成了任何其他名字，他們也將是對的。

這樣的例子我可以一直舉下去。上面我只是選擇了那些更直截了當的例子，我有意忽略了其他一些更複雜的情況，因為我想使自己的注意力更多地集中在哲學詮釋或美學詮釋上。我希望聽眾能理解我的這個初衷：我之所以在這個詮釋的遊戲中引入「經驗作者」的概念僅僅是為了強調他在詮釋活動中並不起很重要的作用。

然而，在我的講演即將結束的時候，我忽然意識到：我對經驗作者是不是過於苛刻了。因為，畢竟在有些情況下經驗作者的在場是會起着非常重要的作用的。這倒不是為了更好地理解作品本文，而是為了理解作品的創作過程。理解作品創作的過程也就是理解作品是如何由一些偶然的選擇所構成、是如何由某些無意識的動機所產生的。理解「本文策略」──作為呈現於標準讀者面前的語言客體（因而也就能脫離經驗作者的意圖而獨自存在）──與這種「本文策略」的生成過程之間的區別是很重要的。我所舉的例子有一些就是為目的此服務的。現在，請允許我增加兩個例子，這兩個例子也許更能說明問題：它們確實只與我的個人生活有關，並且在本文中找不到任何與之相應的痕跡。它們與詮釋活動無關。它們僅能說明，本文──一種能夠不斷向外「播射」詮釋的機器──有時是糊里糊塗地從一個與文學沒有甚麼關係的地方產生出來的。

　　第一個例子。在《福柯的鐘擺》裏，年輕的卡索邦與一個名叫安帕羅（Amparo）的巴西女孩相愛了。喬蘇・穆斯卡奇怪地發現這個女孩的名字與物理學家安德列・安培（André Ampère）之間的關係。簡直是太厲害了！我不知道我為甚麼選擇了那個名字；我開始明白那不是一個巴西名字，於是在小說中我不得不作了這樣的交代：「我從來也沒有弄明白過，安帕羅這位與累西腓

（Recife）[18] 印第安人和蘇丹人通婚的荷蘭殖民者的後裔，有着牙買加人的面孔和巴黎人的文化，為甚麼卻起了個西班牙人的名字。」[19] 這意味着安帕羅這個名字好像是從小說之外的某個地方神秘地冒出來的。小說出版幾個月後，一位朋友問我：「為甚麼是安帕羅？這難道不是一座山的名字嗎？」他接着解釋說：「有一首名叫『瓜吉拉關塔納瑪拉』（Guajira Guantanamera）的歌中提到過安帕羅這座山的名字。」

噢，我的上帝！這支歌我是多麼熟悉，儘管歌詞現在我是一個字也記不得了。五十年代中期，我所愛的一個姑娘曾唱過這首歌。她是拉丁美洲人，長得很漂亮。她與安帕羅完全不同：她不是巴西人，不是馬克思主義者，不是黑人，也不歇斯底里。但顯然，當我在小說中創造一位迷人的拉丁美洲姑娘的形象時，我的潛意識中立即就出現了年輕時曾與我相愛的姑娘的形象，那個時候我的年紀與卡索邦差不多。我想起了那支歌，於是安帕羅這個名字（我已完全忘記了這個名字）就從潛意識中蹦了出來。這個故事與我小說的詮釋完全無關。就小說本文而言，安帕羅就是安帕羅就是安帕羅就是安帕羅。

第二個例子。讀過《玫瑰之名》的讀者都知道，小說涉及到一部神秘的手稿，手稿裏面有亞里士多德《詩

18　[譯注]巴西地名。

19　《福柯的鐘擺》，p. 161.

學》的第二卷[20]，但紙頁上浸滿了毒汁。具體的描述是這樣的：

> 他大聲讀完了第一頁，然後停了下來，似乎再也不想知道更多的東西。接着，他迅速地往後翻動書頁，但沒翻過幾頁就翻不下去了，因為書的右上角和側邊黏在了一起，就像通常由於潮濕和紙張的霉壞而使紙張黏糊在一起那樣。[21]

這些句子是一九七九年底寫的。在接下來的日子裏——也許是因為《玫瑰之名》出版後我開始更經常地與圖書館工作人員以及書籍收藏家接觸（當然因為手頭頗有些餘錢）——我成了一個善本書的定期收藏者。年輕的時候，我偶爾也買一些舊書，但只有非常便宜時才敢買。直到八十年代我才成為一位正兒八經的收藏家，「正兒八經」是因為我得經常查詢專門的圖書目錄，得替每本書建立檔案，寫明其版本、校勘及注釋的歷史發展，還得準確地描述書的物理狀況。準確地做到這後一點需要熟悉一些專業術語，比如甚麼褐斑，水漬，破頁，軟皮與硬皮啦等等。

一天，在翻尋我書架最上面一層時，我發現了亞里

---

20 [譯注]亞里士多德《詩學》現存二十六章，主要討論悲劇和史詩。但據有的學者聲稱，《詩學》共有兩卷，第二卷已亡佚，該卷可能論及喜劇，因為亞里士多德在《詩學》第六章中曾說過以後會討論喜劇。也有學者認為，《詩學》根本上就沒有第二卷。

21 艾柯，《玫瑰之名》，英譯本，p. 570.

昂貝多·艾柯

士多德《詩學》里科博尼(Antonio Riccoboni)一八五七年的評注本。我都記不得是甚麼時候買過這本書了：在封底上我發現了用鉛筆所寫的「1000」的字樣，這意味着它是我用1000里爾(不到50分)買的，可能在二十年前或者更早。我當時做的目錄告訴我，這是第二版，並不特別珍貴，大英博物館有藏。但我很高興能買到這本書，因為它畢竟不是太好找；無論如何，里科博尼的評注本比另外一些本子，比如說羅伯爾特洛(Robertello)或卡斯特爾維特羅(Castelvetro)的本子更鮮為人知，更少被人引用。買回來後我立即開始對其進行描述。我複印了有標題的那一頁，發現這一版本還有個附錄：「亞里士多德的喜劇類型」(Ejusdem Ars Comica ex Aristotele)。這意味着里科博尼曾試圖恢復亞里士多德《詩學》亡佚的第二卷。這時，發生在盧里亞(Lurija)所描寫的某個扎茨基(Zatesky)身上的事[22]同樣在我身上發生了：扎茨基因在戰爭中腦部受傷而喪失了全部記憶與說話能力，但幸好還能寫 —— 這樣他的手便自動將他無法想起的東西寫了下來，通過閱讀這些寫下來的東西他最後重新建構了自己。同樣，我當時一邊冷靜地、技術性地面對着那本書，一邊在做着記錄。突然，我意識到我實際上是在現實生活中重覆《玫瑰之名》裏面所寫的過程了。唯一的區別是，在我所買的書中，從一百二十頁起，當「喜劇

22　盧里亞(A. R. Lurija)，《破碎世界裏的人》(*Man with a Shattered World*, New York, Basic, 1972).

在作者與本文之間　　　　　　　　　　　　　　　· 109 ·

藝術」開始時，嚴重受損的是書頁的下面而不是上面；所有其他東西都是相同的——書頁逐漸發黃，為濕氣所浸染，最後黏在了一起，看起來就像是為某個討厭的油漬所弄髒。我手中正拿着我在小說中描寫寫過的書稿，不過是印刷體而不是手抄本。多年來它就躺在我書房中伸手可及的地方。

一開始我認為這只不過是一個奇怪的巧合；後來我不禁有點相信這是個奇跡；最後我斷定二者之間具有某種內在的聯繫。我在年輕時買下了這本書，匆匆翻了一下，很討厭它污穢不堪的樣子，於是隨手一扔就把它給忘了。然而，我內在的心靈的攝影機已將這些書頁記錄了下來。幾十年來這些有毒的書頁的形象一直深藏於我心靈最遙遠的地方，就像在墳墓裏一樣，直到某一時刻它又重新出現在我的腦海中(我不知道是何緣故)，而我卻以為這是我的創造。

這個例子同樣與我小說的詮釋無關。如果它有某種寓意的話，那就是：經驗作者的私人生活在某種程度上說比其作品本文更難以追尋。在神秘的創作過程與難以駕馭的詮釋過程之間，作品「本文」的存在無異於一支舒心劑，它使我們的詮釋活動不是漫無目的地到處漂泊，而是有所歸依。

　　　　　　　　　　　　　　　昂貝多·艾柯

4

實用主義之進程

理查・羅蒂

　　當我閱讀艾柯教授的小說《福柯的鐘擺》時，我認定艾柯一定是在對某些科學家、學者、批評家和哲學家的思維方式進行嘲諷，這些人自命不凡地認為自己是在從事解讀符碼、從偶然性中發現本質、撕開表象身上的神秘面紗而揭示隱藏着的真象的工作。我將這部小說當作反本質主義(anti-essentialist)的論辯來讀，將其視為對「深度模式」觀念的一種反諷——這種深度模式觀念認為，在表面粗淺的意義下面一定隱藏着某種深刻的意義，這些深刻的意義只有那些具有解讀非常艱澀的符號能力的人們才能有幸獲得。我認為，這種觀念意欲強調羅伯特・弗拉德(Robert Fludd)與亞里士多德之間的相似性——或者更一般地說，意欲強調「神秘論」著作與「哲學」著作之間的相似性。

　　細而言之，我將這部小說詮解為對結構主義的滑稽摹仿——結構主義認為結構與本文或文化之間的關係就像骨骼之於身體、電腦程式之於電腦、或鑰匙之於鎖一樣。由於我以前曾拜讀過艾柯的《符號學原理》——此書有時讓人覺得是在對「符號之符號」，對「結構之普遍性結構」進行解析——因此我得出了下面這個結論：

《福柯的鐘擺》與《符號學原理》之間的關係就像維特根斯坦的《哲學研究》與其《邏輯哲學論》之間的關係一樣。我認為艾柯是在力圖擺脫他早期著作所採用的圖式與分類，正如晚年的維特根斯坦試圖擺脫年輕時對於物體的不可言說性，以及物體之間的嚴格聯繫的幻想一樣。

我發現我的解釋，在小說最後五十頁中得到了印證。這一部分一開始，我們發現自己正面臨着某個關鍵性的歷史時刻。此時，小說的主人公看到世界上所有「真理的追求者」，都聚集在他們自認為是「世界中心」的地方。猶太教神秘主義的信徒，聖殿騎士團的成員，共濟會的成員，金字塔學的研究者，羅塞克盧主義者，服都教[1]的追隨者，俄亥俄黑五星中心寺(the Central Ohio Temple of the Black Pentacle)的使者——全都聚集在那裏，聚集在「福柯的鐘擺」周圍，而鐘擺上正掛着卡索邦的朋友貝爾博的屍體。

在這個小小的高潮之後，小說漸漸地轉向了卡索邦在一個田園詩般幽靜的意大利山坡上獨處的情景。此刻，他心境中有一種與世隔絕的孤寂與寧靜，正在體驗着一些感官上的小小快樂，回憶着孩提時一些優美動人的意象。小說臨近末尾處，卡索邦頭腦中不禁產生了一些很獨特的聯想：

> 布里科的山坡上長滿了一簇一簇的葡萄。我熟悉它們。

1　[譯注]一種西非原始宗教，仍流行於海地和其他加勒比海諸島的黑人中。

　　　　　　　　　　　　　理查·羅蒂

在我的一生中，我見過許多同樣的一簇又一簇的葡萄。人類發明的關於數字的學說無法説明它們排列的秩序是升還是降。在葡萄樹的中間——但你得赤腳走進去，就像童年時那樣——夾着一些桃樹。當你喫桃子時，桃子皮上細細的絨毛引起你舌尖微微的顫慄，這種顫慄從舌尖開始，穿過喉嚨，直達腹股溝。恐龍曾經在這兒嚙過草皮。然後，另一個地層像冰川一樣將它們全覆蓋掉了。然而，正像貝爾博在吹喇叭時所感覺到的那樣，我在咬着桃子時突然對那個王朝大徹大悟並且感到與之俱化了。其餘的都不過是一些自作聰明的小把戲。設計！設計出一個規則來，卡索邦！為了對恐龍與桃子作出解釋，人人都這麼幹。

當我讀着這一段文字時，覺得它所描述的時刻就像普羅斯佩羅[2]折了牧杖，或者浮士德聆聽着阿里亞爾(Ariel)、為了第二部分的反諷而放棄了第一部分的追求時那樣。同時，它還使我回想起維特根斯坦意識到重要的是，當一個人想放棄哲學研究時，他能夠非常容易地做到這一點、或是海德格爾得出他必須超越一切約束，讓形而上學回歸其自身這樣的時刻。當我根據這些平行的參照物來閱讀這一段文章時，我可以像一個身手不凡的波羅尼亞占星家那樣作出結論，以了結我對結構主義與古典分

2　[譯注]莎士比亞戲劇《暴風雨》中被篡了位的米蘭大公，和女兒米蘭達一起被放逐到一個荒島上，後用魔法取勝，重新獲得了地位及財產。

類學的情結。我認為，艾柯是在告訴我們，他現在可以自由自在地欣賞着恐龍、桃子、嬰兒、符號與隱喻，而不必切破它們平滑的表皮去尋求其內在的深層含義。最後，他自願放棄了對於「規則」(the Plan)、對於「符號之符號」的長期探索。

當我這樣來詮釋《福柯的鐘擺》時，我是在做着圍聚在鐘擺下面的所有那些患有偏執狂的宗教分類學家同樣的事情。這些人迫不及待地將發生在眼前的一切事情套進他們頭腦中的既定模式之中：比如，聖殿騎士團的秘密歷史，共濟會的啓悟階梯，大金字塔的設計，或其他任何與他們各自的研究領域有關的東西。當他們分享着拉切爾蘇斯[3]和弗拉德所具有的快樂——當他們發現了桃子毛茸茸的表皮所具有的真正意義、發現了微觀宇宙的事實與某個宏觀宇宙的原則之間的對應關係時——一絲興奮的顫慄很快從其大腦皮層傳至其腹股溝。這些人享受着一種極樂，因為他們發現他們用自己的鑰匙又一次成功地打開了一把難開的鎖，又一個符碼在他們細緻入微的解析與巧妙的引誘下棄暗投明，心甘情願地向他們展示着自己的秘密。

我本人所具有的與「聖殿騎士團的神秘歷史」等相對應的東西——也就是說我用以解讀任何本文的「鑰匙」——是「半自傳式敘事」這樣一種「實用主義之進

3　[譯注]拉切爾蘇斯(Philippus Aureolus Paracelsus, 1493–1541)，瑞士醫師，冶金家，發現了多種化學新藥，對現代醫藥學作出了很大貢獻。

程」(the Pragmatist's Progress)。這種特殊的學術羅曼司的前提是：西方哲學中所有那些二元對立觀念 —— 實在與表象，心靈與肉體，理性的謹嚴與感性的拖沓，符號學的井井有條與符號衍義過程的漫無頭緒 —— 所有這些二元對立都可以廢除。它們不應被綜合成更高程度的整一體，而是應當被遺忘。尼采標誌着這種「啟蒙」意識的早期階段，當我們讀尼采時，我們不禁會認為所有這些二元對立，只不過是表明一個人目前的無能狀態與其想像中的孔武有力之間，鮮明反差的一個隱喻。在這一點上，借助於一點兒弗洛伊德的幫助，人們開始可以聽到這樣的言論：「強力意志」只不過一個有點誇張的婉辭，它表明了男性想壓制女性、使其處於臣服地位，或者是小孩想對父母進行報復的願望。

當人們開始不將以前的巨變視為走向「啟蒙」的一個必然階段，而只是將其視為與那些信手拈來的書籍邂逅相遇所得到的偶然性結果時，「實用主義之進程」的最後階段也就到來了。這一階段非常難以達到，因為一個人總是受着白日夢的困擾：在這種白日夢中，夢的主人公 —— 實用主義者 —— 在世界歷史的內在目的性中扮演着一個像瓦爾特·米蒂[4] 那樣的角色。但如果這個實用主義者能夠從這種白日夢中解脫出來，他或她就會漸漸

---

4   [譯注]瓦爾特·米蒂(Walter Mitty)是美國幽默作家和漫畫家詹姆斯·瑟伯
     (James Thurber, 1894-1961)的短篇小說《瓦爾特·米蒂的秘密生涯》的主
     人公，冒險生活的狂想者。

認識到：像任何其他事物一樣，有多少種目的要實現，就會有多少種不同的面目呈現出來。在這個階段中，所有的描述（包括將自己描述為一個實用主義者）的優劣與價值都是根據它們對於某種外在目的的滿足程度、而不是根據它們對被描述物體的忠實程度來判斷的。

關於「實用主義之進程」我看就到此為止——我經常把這種敘述用於自我描述的目的，同時我很高興地發現，在這一點上我與艾柯教授息息相通。這樣做使我能夠意識到我們兩個人都已經克服了以前曾經有過的那種想對符碼進行解析的野心。這種野心使我將我第二十七和二十八歲的時光虛度在試圖發現皮爾士（Charles Sanders Peirce）玄秘的符號學說，以及他奇妙地構築起來的符號學——形而上學「系統」上面。我想，可能是同樣的動機導致了年輕的艾柯去研究這位哲學家的學說，也可能是由於同樣的反應，他才將皮爾士視為又一個被擊垮了的偏執狂患者。簡而言之，以上面的敘述作為標準，我就可以將艾柯看作是我們實用主義者的同道人。

然而，當我讀到艾柯「讀者的意圖」一文時[5]，上述這種同志式相契相通的感覺一下子蕩然無存了。因為他的這篇文章（其寫作大約與《福柯的鐘擺》同時）堅持在詮釋（interpreting）本文和使用（using）本文之間進行嚴格的

5　艾柯「丹納講座」的講稿並沒有事先分發給我們，不過他曾建議我們參閱他的「讀者的意圖：藝術的狀態」（Intentio lectoris: the state of art）一文。文載*Differentia*雜誌，2（1988），p. 147–168.

　　　　　　　　　　　　理查·羅蒂

區分。這種區分當然是我們實用主義者所不願意做的。據我們實用主義者看來，任何人對任何物所做的任何事都是一種「使用」[6]。詮釋某個事物、認識某個事物、深入某個事物的本質等，描述的都只不過是使用事物的不同方式。因此，我很尷尬地意識到，艾柯可能認為我對他小說的解讀只是一種使用而不是一種「詮釋」：他對這種不去詮釋而光顧使用本文的做法是很不以為然的。我不無遺憾地發現，他仍然固守着從本文自身出發這種所謂的「內在研究」，與將本文與某個本文之外的東西聯繫起來的所謂「外在研究」之間的區別──就像赫施(E.D. Hirsch)堅持「意義」(meaning)與「含義」(significance)之間的區別一樣。而這種區別──內外之間，事物關聯性與非關聯性的特徵之間的區別──卻正是像我這樣的「反本質主義者」所不樂意接受的。

基於這些考慮，我準備將這篇文章關注的焦點放在艾柯對「詮釋」與「使用」所做的區分上面，並且盡我所能地削弱這種區分的重要性。我將從艾柯對這一區分的一個很值得爭議的例子開始我的論述──在「讀者的意圖」一文中，艾柯分析了瑪麗·波拿巴特(Marie Banaparte)是如何將她對愛倫·坡的分析弄得一團糟的。艾柯說，當波拿巴特在Morella、Ligeia和Eleonora三個詞

6　欲了解對這種實用主義詮釋觀念簡潔而準確的表述，請見傑弗里·斯圖特的「甚麼是本文的意義」(What is the meaning of a text?)一文，*New Literary History,* 14 (1982), p. 1–12.

之間找到潛在的相似模型時，她實際上揭示的是「作品的意圖」。但艾柯接下去說，「非常遺憾，這樣一種漂亮的本文分析將本文的內在特質與（從其他外在渠道得知的）愛倫・坡的私人生活攪在了一起。」於是，當波拿巴特從愛倫・坡的生活經歷中，發現他非常病態地迷戀着一些具有憂鬱特徵的女性時，艾柯評論說：「她是在使用本文，而不是詮釋本文。」

我想消除這一區分的第一個步驟是提出這樣一種觀點：一個本文與另一個本文之間的界限並沒有人們所認為的那樣清晰。艾柯認為波拿巴特根據Ligeia來解讀Morella是正確的。但為甚麼？僅僅因為二者都出自同一作者之手嗎？這樣豈不是對Morella本身「不忠」，冒着將「作品意圖」與從愛倫・坡的寫作習慣中得來的「作者意圖」混同起來的危險嗎？我可不可以根據《符號學原理》和《語義學與語言哲學》來解讀《福柯的鐘擺》呢？或者，當我想對這三本書中的任何一本進行詮釋時，應不應該將我對另外兩本書的知識用括號「括」起來呢？

如果我可以這樣來使用關於作者的背景知識的話，下一步該怎麼辦？我可以將我在研究皮爾士時所得到的知識引進到對艾柯的研究中來，可以自由地運用我關於艾柯的生平、關於他花了不少時間去研究皮爾士的知識以幫助我詮解他為甚麼寫了一部關於神秘主義偏執狂的小說嗎？

這些發問只不過是我為了消除艾柯關於「使用」與

「詮釋」之間的區分而進行一些緩衝步驟。真正的質疑和挑戰在於：他為甚麼想在本文和讀者之間，在「本文意圖」和「讀者意圖」之間劃下這麼大一條鴻溝。這樣做的目的是甚麼？艾柯可能會回答說，它會幫助你重視他在「本文的內在連貫性」與他所說的「無法控制的讀者衝動」之間的區別。他說前者「控制」着後者，判斷一種假說是否符合「作品意圖」的唯一方法「是看它是否是從本文的連貫性整體中得出來的」。因此，進行這種區分的目的可能是：對力圖使任何事物都為我們的「需要」服務這種偏執狂的慾望進行約束。

然而，我們的「需要」之一是力圖使別人相信我們自己是正確的。因此，我們實用主義者可以認為，根據本文連貫性的整體來檢驗一種詮釋是否合理的做法不過是在提醒人們注意，如果你想你對一本書的詮釋聽起來合理的話，你連一個句子或一個場面都不能忽視。你所說的每一句話都得考慮到本文「其他」部分的情況。如果我想說服你接受我對《福柯的鐘擺》的詮釋的話，我將不得不考慮到巴黎的「瓦普吉斯狂歡之夜」[7]這個高潮性的場景與意大利山坡上桃子與恐龍的場景之間長達三十幾頁的過渡性段落。我將不得不仔細地分析小說對納粹佔領時期游擊隊生活的反覆「回閃」所起的作用。我將不得不解釋在告別那種狂歡生活後，小說的最後

7　[譯注]「瓦普吉斯之夜」(Walpurgisnacht)：德國神話，四月三十日夜(五月一日前夜)女妖瓦普吉斯在哈爾茨山布羅肯峰設宴招待群魔，狂歡作樂。

幾節為甚麼還要加上一個聾人聽聞的「尾巴」。因為卡索邦是以預言他不久將死於那些鍥而不捨的偏執狂們之手，來結束寧靜而浪漫的田園詩般的遐想的。

我不知道我是否能完全做到這一點。我想，如果給我三個月的閑暇以及適當資助的話，我可能會製作某種圖式，將所有或大部分這樣那樣的東西都聯繫起來；不過，我想，這個圖式仍然會從另一個側面將艾柯視為我們實用主義者的同行。我也可能會失敗，會不得不承認艾柯確實棋高一着，我的實用主義的方法並不能規約他的全部旨趣。不管結果如何，我在下面這一點上與艾柯是完全一致的：為了能夠判斷我對《福柯的鐘擺》的詮釋是否有價值，上述這種圖式將是非常必要的。

但是，如果在偶然的、原始的衝動，某個特定讀者對本文缺乏說服力的解釋，與長達三個月的深思熟慮後所得到的「微妙而可信」的解釋之間，存在着這麼大的區別的話，「本文意圖」這個概念還有其存在價值嗎？艾柯清楚地表明，他並不認為本文意圖可以對詮釋的範圍進行限定。相反地，他倒是樂於承認，我們可以「揭示出喬伊斯(在《尤利西斯》中)是如何創造出了許多隱含的替代性人物，而沒有必要去斷定這些人物究竟有多少，以及哪些是最好的。」因此，他寧可將本文意圖視為「標準讀者」的產物，包括「那些有權作出無限多的猜測的標準讀者」。

令我難以理解的是艾柯對標準讀者的猜測與本文意

理查·羅蒂

圖之間的關係的看法。如果《尤利西斯》的本文成功地使我想像出隱含在本文之下的許多人物，其內在的連貫性在此過程中起着它應該起的控制作用了嗎？或者，它能控制那些想弄清楚某些特定的人物是否隱含在本文之中的人們的反應嗎？它能幫助他們在眾多相互競爭的暗示之間進行選擇──幫助最好的詮釋從它的競爭者中分離出來嗎？當它排斥了那些競爭者──這些競爭者之所以遭排斥僅僅是因為它們無力連接足夠多的材料，無力回答形形色色的句子、形形色色的場景所提出的足夠多的問題──之後，它的力量就耗盡了嗎？或者，本文是否隱含着這樣的力量：這種力量使它可以說出諸如「那種圖式確實能將我的大部分觀點連成一氣，然而，卻使讀者誤入歧途」之類的話嗎？

我不願意承認任何本文都具有這種力量。我發現我的這個看法得到了艾柯文章的支持。艾柯說：「本文是在詮釋的過程中逐漸建構起來的，而詮釋的有效性又是根據它所建構的東西的最終結果來判斷的：這是一個循環的過程。」我們實用主義者很欣賞這種抹平「發現」(finding)一個東西與「建構」(making)一個東西之間的區別的方式。我們喜歡艾柯對被他稱為「古老但仍然有效的詮釋學循環」所進行的重新描述。但是，如果承認本文是在被詮釋的過程中建構起來的，我不知道到底有甚麼東西可以保證其內在的連貫性。我倒願意這樣來想：本文的連貫性(不管這種連貫性到底是甚麼)是在詮釋車

輪最後一圈的轉動中突然獲得的，正如一堆黏土的連貫性，只有當製陶工將其做成它應該有的形狀的最後一剎那才突然獲得一樣。

因此，我倒是願意認為本文的連貫性並不是在它得到描述之前即已存在的東西，就像當我們將一些散亂的點連接成綫之前這些點並不具有連貫性一樣。所謂連貫性不是甚麼別的東西，而是這樣一個事實：有人在一大堆符號或噪音裏面發現了某種有趣的東西，通過對這些符號或噪音進行描述，使它與我們感興趣的其他東西聯繫了起來。（比如，我們可能將某一特定的符號描述為：英語中的單詞；難以閱讀的東西；喬伊斯的手稿；價值百萬美金的東西；《尤利西斯》的早期版本等等）。這種連貫性並不內在或外在於任何東西；我們只不過是用它去對那些符號進行描述和分析。當我們從相對來說具有更少爭議性的語文學，轉向相對來說具有更多爭議性的文學史與文學批評時，我們現在的觀點必須與我們或他人以前曾經有過的觀點——也就是說，以前對這些符號所做的描述與分析——具有某種合理的、系統的、可以推知的聯繫。但是，卻不存在這麼一個「點」：根據這個「點」，我們可以將我們描述和分析的對象與我們對這個對象所進行的描述和分析區別開來——除非參照某個特殊的目的，某個我們當時恰好碰上的特殊意圖。

以上就是我對艾柯的「使用-詮釋」之分所進行的批評。現在，讓我轉到在解讀他的著作中遇到的一個更

　　　　　　　　　　　　　理查·羅蒂

一般性的困難上來。當我讀艾柯或其他任何作者關於語言學的著作時，我自然是以自己最喜歡的語言哲學——戴維德森（Donald Davidson）激進的自然主義與整體主義（holistic）觀點——作為出發點的。因此，當我閱讀艾柯一九八四年出版的那本《語義學與語言哲學》時（緊接着讀過《福柯的鐘擺》之後），我頭腦中出現的第一個問題就是：艾柯準備與戴氏理論接近到甚麼程度？

　　戴維德森的理論緊承奎因（Quine）。奎因否定了語言與事實、符號與非符號之間的哲學區分。我希望我對《福柯的鐘擺》的解讀——我將其解讀為如德納特（Daniel Dennett）所説的「一劑治療普通符碼的良藥」——會得到證實，儘管我發現它在「讀者的意圖」一文中並沒有得到證實。因為，我希望艾柯在此至少不會再像七十年代初寫《符號學原理》時那樣執着於「符碼」（code）的概念。我的這些希望得到了《語義學與語言哲學》中某些章節的鼓舞，同時又為其中的另一些章節弄得很灰心。一方面，艾柯暗示出，我們應根據迷宮般的、百科全書式的參照關係，而不是根據符號與符號所指的事物之間字典式的對應關係去考慮符號學。對我而言，這是符號整體主義的原則、戴維德森式的思維方式的。他的奎因式的觀點亦如此：字典只不過是隱含着的百科全書，「任何百科全書式的語義學都必須抹平分析與綜合之間的區分。」[8]

8　Eco, *Semiotics and the Philosophy of Language*, Bloomington, Ind., 1986, p. 73.

另一方面，我又為艾柯「準狄爾泰式」(quasi-Diltheyan)的觀點所困擾：他堅持在符號學與科學、哲學與科學之間進行區分[9]——一種非奎因、非狄爾泰式的思維方式。更有甚者，艾柯似乎總是想當然地認為符號(本文)與其他的物體(比如岩石，樹木和夸克)是迥然有別的。他曾這樣寫道：

> 符號的世界，也即人類文化的世界，必須被想像為是像第三種迷宮那樣結構起來的：其一，它是根據「詮釋者的網絡」建構起來的；其二，它實際上是「無限」的，因為它將不同文化所作出的許多不同的詮釋全都考慮了進去……它是無限的，因為對於百科全書的每一次的討論都將使此百科全書以前所具有的結構置入受懷疑的境地；其三，它不僅僅涉及到「真理」，而且還涉及到對真理的表述，涉及到人們以為是真理的東西。[10]

　　對「符號世界與人類文化世界」的這種描述似乎也能很好地適用於對一般意義上的宇宙與世界進行描述。就我所見，岩石和夸克同樣符合通過談論事物而創造事物這樣一種詮釋學的過程。我們通常認為，岩石和夸克的一個特徵是它們先於我們而存在，但我們不也經常以同樣的方式來描述寫在紙上的符號嗎？所以，對於岩石和符

9　同上，p. 10.
10　同上，pp. 83–84.

號而言，「創造」(making)並不是合適的詞，正如「發現」也不是一樣。我們並不能精確地創造它們，也不能準確地發現它們。我們所能做的只是説出一些包含着諸如「岩石」，「夸克」，「符號」，「噪音」，「句子」，「本文」這樣的語音的句子，以對我們所面對的刺激物作出反應。

然後，我們再從這些句子引發出其他的句子，又從這些其他的句子引發出另外一些句子——如此不斷推衍，最終建構起一個潛在地無限的、迷宮般的百科全書。這種百科全書式的論斷受到新鮮的刺激後會發生變化，但我們卻根本上無法根據這些刺激物、更無法根據此百科全書之外的某個東西的內在連貫性來對它進行檢驗。此「百科全書」可以因為其自身之外的某個東西而得到改變，但它只有將其自身的元素與其他元素相比較時才能得到檢驗。我們不可以用一個物體來檢驗一個句子。一個句子的檢驗只能通過其他的句子才能進行，所有的句子都通過許多迷宮般的相互參照關係而連接在一起。

當你站在杜威與戴維德森一邊，不再將知識視為對某個事物的精確表述，不再認為符號與非符號之間存在着界綫分明的差異時，你自然不會贊同在自然與文化、語言與事實、符號世界與非符號世界之間進行哲學上的區分。你再也不會認為你可以將論述的對象與你對此對象的論述、符號與符號所指的事物，或者語言與元語言分離開來——除非出於某種特殊的目的，某個特殊的需

要。艾柯對詮釋循環的論述使我產生了這樣的想法：與他在「詮釋」與「使用」所進行的似乎是本質主義的區分相比，他可能會更傾向於上面那種觀點。同時，這些段落還支持我得出這樣的結論：艾柯有一天可能會加入到費施(Stanley Fish)和斯圖特(Jeffrey Stout)的隊伍中來，提出某種徹頭徹尾的實用主義的詮釋觀點，一種不再將詮釋與使用分離開來的觀點。

鼓勵我產生這些想法另一方面的原因是艾柯對解構主義文學批評的看法。艾柯對這種批評方法的許多看法與我們戴維德森主義者和費施主義者的觀點很相近。在「讀者的意圖」一文最後幾節中，艾柯說「德里達解構主義的許多本文解讀方法」都是一種「前本文的解讀」(pre-textual reading)，這種解讀「並不是為了對本文進行詮釋，而是為了顯示語言在多大程度上可以產生出無限的意義。」我認為在這一點上艾柯無疑是對的；並且當他接着寫下下面這段話時，他也是對的：

> 一種合理的哲學實踐往往為文學批評以及新的本文詮釋
> 策略提供模式……。承認這種現象的發生並且揭示出它
> 為甚麼會這樣發生，正是我們的理論職責。[11]

真令人遺憾，要想對發生這樣的事情的原因進行解釋，我們不得不回到保羅‧德曼(Paul de Man)的理論及其影

---

11 艾柯，「讀者的意圖」(166)。

響上去。我同意克默德（Kermode）教授的説法，他認為德里達和德曼是「給予理論以真正威望」的兩位理論家。但我認為很有必要強調一下二者理論的根本區別。據我所見，德里達從來沒有德曼那樣看重哲學，他也不願意像德曼那樣將語言劃分為「文學語言」和「非文學語言」。尤其是，德里達從沒像德曼那樣看重「符號世界」（如艾柯所言）和非符號世界之間——文化與自然之間——形而上的區別。德曼非常看重「意向性物體」與「自然物體」之間「標準狄爾泰式」（standard Diltheyan）的界限劃分。他堅持認為，語言以及由「普遍性的符指過程」所產生的語言的非連貫性正面臨着某種威脅；岩石與夸克則沒有這種威脅，其連貫性是大家一致公認的[12]。德里達則像戴維德森一樣，將這種區分視為西方形而上學傳統的殘渣餘孽。相反地，德曼則將其作為他閱讀理論的基礎。

　　我們實用主義者真希望德曼沒有受到這種狄爾泰式論調的影響，真希望他沒有提出存在着一個叫作「哲學」的、可以為文學詮釋設立規範的知識領域的觀點。我們尤其希望他未曾認為，根據這種規範你就可以斷定一個本文「究竟意味着甚麼」。我們希望他拋棄了那種

12　關於德曼在「自然物體」與「意向性物體」之間所作的顯然是胡塞爾式的區分（這種區分德里達一定不會放過，會立即對其進行質疑），請見德曼《盲目與洞見》（*Blindness and Insight*, Minneapolis, 1983），p. 24. 同時請參見其《抗拒理論》（*Resistance to Theory*, Minneapolis, 1986）第11頁以及《盲目與洞見》第110頁，在此他將「科學」本文與「批評」本文相互對立起來。

認為存在着一種特殊種類的、可以揭示出語言自身到底「是甚麼」的、被稱作是「文學語言」的語言的觀點。因為，據我看來，這些觀點的流行對下面這個令人遺憾的觀點的形成要負主要責任：這種觀點認為，閱讀德里達對形而上學的論述，將會為你提供一種 —— 如艾柯所言 ——「文學批評的模式」。德曼則令人遺憾地為另一觀念的形成推波助瀾並為其提供庇護，這種觀念就是：存在着某種很有用的、被稱為「解構方法」的東西。

對我們實用主義者來說，那種認為本文具有某種本質、我們可以用嚴格的方法將它揭示出來的觀念，與下面這種亞里士多德式的觀念如出一轍、同樣糟糕：這種亞里士多德式觀念認為，任何事物都具有某種真正的，與表面的、偶然的或外在的東西相對的內在本質。認為批評家可以發現本文的本質 —— 比如，它本質上揭開了某種意識形態結構的神秘性，或，它本質上是對西方形而上學等級森嚴的二元對立的「解構」，而不僅僅是為此形而上學目的服務 —— 這種觀念對我們實用主義者而言，只不過是改頭換面的神秘論而已。它只不過換一種形式聲稱，可以對符號進行解析並因而發現其神秘的本質 —— 只不過是我在《福柯的鐘擺》中所讀出的、艾柯試圖進行反諷的東西的又一個例證。

反對本文本質上表現了「甚麼東西」也就是反對某種特殊的詮釋 —— 可以根據「本文的內在連貫性」揭示出那個「東西」究竟是甚麼。更一般地說，它反對本文

可以向你展示出它自身的內在願望而不是只提供某種刺激物 —— 這種刺激物可以使你比較容易或比較困難地判斷你原來的願望究竟是甚麼。因此，當我發現艾柯以贊許的態度引用希利斯‧米勒(J. Hillis Miller)的話時，我感到非常沮喪。米勒說：「解構式批評並非批評者將某種理論任意地強加於本文之上，而是強調詮釋必須受到本文自身強有力的制約。」[13] 據我看來，這就像是在說：用螺絲刀去轉螺絲是「受螺絲刀自身的制約」，而用它去撬硬紙板包裹則是「將主體的意志強加於其上」。我該說，像米勒這樣的解構主義者並不比費施、斯圖特和我本人這樣的實用主義者更有權利提出這種「主客」之分。對我而言，像艾柯那樣關注詮釋循環的人應該避免進行這種區分。

為了更詳細地說明這一點，請允許我拋開螺絲刀而舉一個更好的例子。用螺絲刀作例子的麻煩是，沒有人會去討論「螺絲刀是如何運行的」這樣的問題，而艾柯與米勒卻恰恰想用去討論文學本文是「如何運行」的問題。還是讓我們來看一看艾柯所舉的那個有關電腦程式的例子。如果我用一個特定的文字處理程式去文章，沒人會說我將自己的主體性強加於這個程式之上。但此程式的設計者可能會這麼說，如果她發現我用她的程式去統計個人收入所得稅的話 —— 我們姑且假定這種用法

13　米勒，「理論與實踐」(Theory and Practice)一文，*Critical Inquiry*, 6 (1980), 611；轉引自艾柯「讀者的意圖」(163).

不適用於那個程式，是那個程式的設計者所未曾預見到的。程式的作者可能會這樣來支持她的觀點：詳細地說明她的程式是如何運行的，不厭其煩地講述其各個子程式以及它們之間所具有的令人驚嘆的連貫性，它們如何不適用於製表與計算的目的。然而，這樣做終歸讓人覺得很奇怪。因為我沒有必要知道她的眾多子程式設計得是如何靈巧，更不必知道它們是用BASIC語言還是甚麼別的語言編輯的。她真正需要做的是指出，我只有對她的程式進行極其笨拙的、令人乏味的操作才能得到我所需要的那些表格和數據；而如果我願意使用正確的工具以達到我的目的的話，這些笨拙而乏味的操作是完全可以避免的。

這個例子既可以幫助我對艾柯、又可以幫助我對米勒和德曼進行批評。因為，這個例子的寓意是，有甚麼樣的目的和需要才會有甚麼樣的方法，我們不應超越於特定的目的和需要去尋求不必要的精確性或者普遍性。那種認為你可以通過符號學的分析而得知「本文是如何運作」的觀點，據我看來就像是用BASIC語言寫出某個文字處理系統的全部子程式一樣：如果你真想這麼幹也不是不可以，但對於文學批評而言，我真的不知道為甚麼該這麼做。還有一種觀點認為，「文學語言」（德曼的術語）以分析傳統的形而上學二元對立為目的，上述這種解讀方法有助於加快這種二元對立分解的過程。我認為這種觀點與下面這種看法相類似：對你電腦中運行的東

西的機械的「量」的描述，將有助於你理解程式的一般本質。

換言之，我既不相信揭示「本文機制」(textual mechanisms)乃文學批評之本質這種結構主義的觀點，也不相信文學批評的本質，乃在於揭示或顛覆形而上學等級秩序的「在場」(presence)這種後結構主義的觀點。毫無疑問，瞭解本文的運作機制或形而上學等級秩序有時是很有用的。閱讀艾柯或閱讀德里達常常會使你發現一些你否則便無法發現的有趣的東西。但這並不比閱讀馬克思、弗洛伊德、阿諾德(Matthew Arnold)或利維斯(F.R. Leavis)更能讓你接近本文的內在本質。每一個這樣的背景閱讀都只能為你提供一個解讀本文的理論語境——一個你可以將其置於其他語境之上或是與其他語境疊置的模式或模型。從這種語境中所得到的知識不能告訴你有關本文的本質或閱讀的本質的任何東西。因為，它們根本就沒有本質。

對一個本文的閱讀首先是參照其他本文、其他人、其他的觀念、其他的信息，或你所具有的其他任何東西而進行的，然後你才會去看一看究竟發生了甚麼事情。所發生的事情也許會非常奇怪，也許純屬個人的癖好，不值得深入研究——我對《福柯的鐘擺》的解讀可能就是這樣。也許會非常令人激動、令人信服，就像德里達將弗洛伊德和海德格爾疊置在一起那樣。也許會如此令人激動和令人信服，以至於使你產生了某種幻覺，認為

你已經看到了這個本文的本質。但是，那令人激動、令人信服的東西，實際上只不過是根據解讀它、激發它的人的需要而產生的。因此，對我來說，打碎「使用本文」與「詮釋本文」之間的界限，而僅僅根據不同的人、不同的目的區分出「使用本文」的不同類型，也許更為簡單。

我認為，拒絕這種建議(我想，對此作出最具有說服力的論述的是費施)的想法有兩個來源。其一可以追溯到源於亞里士多德的哲學傳統，這種哲學傳統認為，在力圖發現某種真理與實際做某件事之間，存在着重要的區別。伯納德‧威廉斯(Bernard Williams)在批評戴維德森和我時，就涉及到了這一傳統：「顯然，有那麼一種叫作實踐理性或實際謀劃的東西，它與對事物本質的思考截然不同。它們顯然不是一回事……」[14] 來源之二是康德對價值與尊嚴進行區別時所提出的那一套直覺性的東西。康德說，物有價值，而人有尊嚴。就此而言，文學本文就像一個名譽上的人。僅僅使用它們 —— 僅僅將其作為手段而不同時也將其作為自己的目的 —— 是一種不道德的行為。在另外的場合，我曾對這種亞里士多德式理論與實踐的區分，以及康德式目的與道德的區分進行過激烈的抨擊，在此我不想重複。我只想簡短地說一說從這兩種區分中我們究竟能得到甚麼。我認為，有

14　威廉斯《哲學的道義與局限》(*Ethics and the Limits of Philosophy*), Cambridge, MA, 1985, p. 135.

理查‧羅蒂

一種非常有用的區分被這兩種無用的區分給遮蔽掉了：事先知道你想從一件事、一個人或一個本文中得到甚麼與希望這件事、這個人或這個本文將幫助你改變你的意圖——他或她或它將幫助你改變你的目的、並因而改變你的生活——之間的區分。這種區分，我認為，會幫助我們對按部就班地閱讀本文，與憑靈感與激情閱讀本文二者之間的差異作出更好的說明。

按部就班地解讀本文是那些缺乏克默德(Frank Kermode，緊隨瓦萊里之後)所說的「詩感」[15] 的人們的產物。它與我最近曾猛烈抨擊過的，從某些評論集子——比如說對康拉德《在黑暗的最深處》(*Heart of Darkness*)的評論集——中得到的那些東西相似——精神分析學批評、讀者反應批評、女性主義批評、解構主義批評、新歷史主義批評的大雜燴。據我看，沒有哪個批評家真的為《在黑暗的最深處》狂喜或心神不寧。我認為他們並不關心這本書，這本書對他們根本不重要，他們壓根兒就對克爾茨，對馬洛，或是馬洛在河邊所看見的那位裹着頭、臉色褐黃的女人不感興趣。書中的這些人物根本就沒有改變這些批評家原有的目的，正如顯微鏡下的標本不能改變植物組織學家的目的一樣。

人們通常稱那些非按部就班的批評為「富於靈感」的批評，它是批評家與作者，人物，情節，詩節，詩行，或某個古代雕像相遭遇的結果；這些東西改變了

15　見克默德《詩感》(*An Appetite for Poetry*, Cambridge, MA, 1989), pp. 26–27.

批評家對「她是誰，她擅長於甚麼，她想怎樣對待她自己」等一系列問題的看法；這種遭遇重新調整或改變了她的意圖和目的。這種批評並不是將作品本文視為可以重複出現的標本，而是認為它可以改變一個已被廣泛接受了的分類，或者可以給已經講述過的故事增添一些新的東西。它對作者或本文滿懷崇敬之情，但這卻並不表明它對「意圖」或內在結構也心存敬意。的確，「尊敬」這個詞並不合適。「愛」和「恨」可能會更恰當。因為偉大的愛或偉大的恨，正是那種可以通過改變我們的目的，改變我們所遇到的人、事和本文的用途，而改變我們自身的東西。愛和恨這兩種感情與當我將艾柯《福柯的鐘擺》用作供我們實用主義的磨坊研磨的穀物——將其視為一種清晰可辨的、悅人耳目的輝煌的標本時假想與艾柯共同享有的那種同志式的友愛是大相逕庭的。

當我這樣來表達自己時，我是站在所謂「傳統人文主義批評」的立場，而反對另一種類型的東西——對這種類型最方便的稱呼，如卡勒教授所言，是「理論」兩個字[16]。儘管我認為近來人們對這種人文主義批評的指責過於嚴厲，我的立場卻並不是人文主義的。因為，首先，許多人文主義批評都是本質論的——認為人性中隱含着許多深層的、永恆的東西，期待着文學去發現、去

16 見卡勒《規範符號：批評及其機制》(*Framing thd Sign: Criticism and Its Institutions*, Norman, Okla., 1988), p. 15.

理查·羅蒂

向我們展示。其次，被命名為「理論」的那個東西使我們獲益匪淺，因為它給我們提供機會，使我們能夠閱讀大量第一流的、否則便會失之交臂的書籍——比如海德格爾和德里達的書。我認為，「理論」唯一不能做的事情是，它無法為我們提供一種合適的閱讀方法，或如希利斯·米勒所言，「一種閱讀的倫理」。我們實用主義者認為沒有人會成功地做到這一點。當我們試圖做到這一點時，我們就背棄了海德格爾和德里達試圖讓我們明白的東西。因此，我們只好屈服於那種古老的神秘主義的呼喚：去對符號進行分解，去對表象和實質進行區分，去認識「使其正確」和「使其有用」二者之間的區別。

—— 5 ——
為「過度詮釋」一辯

喬納森·卡勒

　　理查·羅蒂的文章與其說是對艾柯教授演講的反應，還不如說是對艾柯以前的一篇題名為「讀者的意圖」的文章的評論，那篇文章的觀點與這次演講的觀點不盡相同。但我準備首先評論艾柯這次關於「詮釋與過度詮釋」的演講，然後再去討論羅蒂教授在其評論中所提出的一些問題。實用主義理論有個觀點認為，所有古老的問題與區分都應該被掃蕩無遺，這樣我們就可以置身於令人愉快的一元論之中 —— 在這種一元論中，正如羅蒂所言，「任何人對任何物所做的任何事都是一種『使用』」。這種理論儘管有着簡潔明晰的優點，但它卻面臨着一個根本性的困難：它對艾柯以及許多其他理論家所致力於討論的那些問題 —— 包括本文如何能夠對批評家用以詮釋本文的概念框架提出質疑和挑戰的問題 —— 故意視而不見。這些問題，我認為，並不會因為實用主義者要求人們不要尋根問底、只管去盡情享受詮釋之樂而消失。然而，這個問題還是讓我們留到後面去討論。

　　當我受邀參加這次論辯會並被告知這次系列演講和論辯的題目是「詮釋與過度詮釋」時，不知怎的，我一

下子就明白了演講的組織者要我充當的是甚麼樣的角色：為過度詮釋辯護。我有幸曾多次聽過艾柯的演講，領教過他機智而生氣勃勃的敘事技巧，我清楚地明白他會盡其所能對被他稱為「過度詮釋」的東西加以嘲弄，因此我能預見到要為過度詮釋進行辯護是多麼的艱難。然而，無論如何，我還是欣然接受了這一分配給我的角色，準備從原則上為過度詮釋進行辯護。

詮釋本身並不需要辯護；它與我們形影相隨。然而，正如大多數智識活動一樣，詮釋只有走向極端才有趣。四平八穩、不溫不火的詮釋表達的只是一種共識；儘管這種詮釋在某些情況下也自有其價值，然而它卻像白開水一樣淡乎寡味。切斯特爾頓（G.K. Chesterton）對此曾有過精闢的論述，他說：一種批評要麼甚麼也別說，要麼必須使作者暴露如雷。

正如我以後還會強調的，我認為不應該將文學作品的詮釋視為文學研究的最高目的，更不能視其為唯一的目的；如果批評家執意如此，那也應該盡量多思考一些問題，應該將其思維的觸角伸向盡可能遠的地方。儘管像溫和的詮釋一樣，許多「極端」的詮釋無疑在歷史上不會留下甚麼痕跡——因為它們會被判定為沒有說服力、多餘、不相干或枯燥乏味——然而，如果它們果真非常極端的話，對我來說，它們就更有可能揭示出那些溫和而穩健的詮釋所無法注意到或無法揭示出來的意義內含。

喬納森·卡勒

請允許我在此說明：昂貝多‧艾柯在這三次演講及其小說和符號學理論著作裏所做的，都使我確信(不管他自己會怎麼說)，在其神秘的心靈 —— 這使他非常接近所謂的「神秘主義的追隨者」(用他自己的話說) —— 的最深處，他同樣相信「過度」詮釋要比「穩健溫和」的詮釋更為有趣、對人類智識的發展更有價值。沒有哪個對「過度詮釋」毫無興趣的人能夠創造出如此富於詮釋爭議性、如此富有活力的小說與人物來。他在這些演講中沒有花時間去向我們論述對但丁作品穩健的、合適的、正確的詮釋應該是甚麼樣的，相反地，他用了大量篇幅去論述、去復活、去更新十九世紀批評家對但丁所作的、令人難以接受的羅塞克盧主義(Rosicrucian)的詮釋 —— 正如他自己所言，這些詮釋對文學批評的發展毫無影響，已被完全忽略 —— 直到某一天，艾柯發現了它，並且安排自己的學生進行了一次有趣的符號學實踐活動。

　　然而，如果我們希望關於詮釋與過度詮釋的思考能有所進展的話，我們必須停止這種「反向」的思考，而直接從正面去探討過度詮釋的問題。「過度詮釋」的觀念不僅隱含着「存在某種『恰如其分』的詮釋」這一前提，而且，我認為，它也沒有抓住艾柯教授本人試圖表述的問題的實質。人們可能會把過度詮釋和過度飲食進行類比：詮釋和飲食一樣存在着某種「度」，有人在該停的時候沒有停下來因而犯了「過度」飲食或「過度」

詮釋的錯誤。結果非常糟糕。請仔細想一想艾柯在第二講裏所舉的兩個例子。他認為,羅塞蒂對但丁作品的解釋是不正常、不合適的,他走得太遠,詮釋得太多,或者說詮釋得「過了度」。我的理解則與此相反:我認為,羅塞蒂對但丁的詮釋之所以在批評史上影響甚微,原因不在於其是否過度,而在於另外兩個問題——這兩個問題結合在一起非常要命,致使羅塞蒂的解釋長期湮沒無聞,直到艾柯才重新發現了它。首先,羅塞蒂試圖從同一個母題的眾多元素中去發現羅塞克盧主義的語義內容,而在但丁的作品中這些元素實際上並不同時出現,有的——比如,鵜鶘——甚至非常罕見,他的論點因而也就缺乏說服力。其次,羅塞蒂力圖闡明這些母題的重要性(但他沒有對此進行論證),認為它們受到了一個更古老的傳統的影響,但他缺乏能證明這一點的任何證據。因此,羅塞蒂這裏所存在的問題與其說是過度詮釋(*over interpretation*),還不如說是「不足詮釋」(*under interpretation*):沒能對但丁詩作的足夠多的元素進行分析;沒能對歷史上實際存在的本文進行全面的考察,以便從中發現隱含着的羅塞克盧主義的思想,並且從中找到相互影響的痕跡。

艾柯教授所舉的第二個例子是哈特曼對華茲華斯「昏睡蒙蔽了我的心」(A slumber did my spirit seal)一詩所進行的詮釋(我認為這種詮釋是完全無害的、純文學的)。哈特曼完全是通過「換喻」(metonymy)的方式——

喬納森·卡勒

由於他在耶魯與那些解構大師，比如保羅·德曼，巴巴拉·約翰遜(Barbara Johnson)，希利斯·米勒，以及雅克·德里達相鄰為伴——才與「解構」的思潮聯繫在一起。在艾柯所舉的這個例子中，哈特曼以非常傳統的方式展示了自己獨特的、被人們稱為文學感受性或感受力的東西：他在一首詩中聽到了其他詩、其他詞、其他意象的回聲。比如，在diurnal(白晝)一詞中——華茲華斯這首詩用詞非常簡明，因而diurnal這個拉丁詞在上下文中顯得很突出——聽出了對喪葬母題的暗示，讀出了一個隱含着的雙關語：die-urn-al(死亡-骨灰盒)。並且他還從fears, hears, years這些韻尾中隱約地聽到了tears(眼淚)的聲音在回響。我認為，這種溫和適度的詮釋也許果真會成為「過度」的詮釋，如果哈特曼的措辭足夠激烈的話——比如，如果他聲稱trees(樹木)這個詞與詩的最後一行不相容，因為樹木並不像岩石、石頭和眼淚那樣會滾動。他也許會論證說，前一行詩的詞序(She neither hears nor sees)應該是She neither sees nor hears，因為這樣一來，韻尾的hears就會與前後的fears, years以及潛在的tears更加吻合。因此，他也許會像一個「神秘主義的忠實信徒」那樣作出結論說：這首詩的秘密含義應該是對於「tears」(眼淚)的壓抑，因為「眼淚」被「樹木」(trees)替代掉了。果真這樣，哈特曼的詮釋也許就真的可以被稱為「過度詮釋」——同時也會更有趣、更吸引人了(儘管我們終究會排除、會反對這種詮釋)。然而，哈特曼實

際上所做卻並非如此。我已經說過，他只不過對文學感受力進行了一次傳統的、令人敬佩的嘗試，發現了一些「隱含」於詩歌語言裏面的東西而已。

正如艾柯所表明的那樣，過度詮釋更為明顯地表現在對某些具有約定俗成的意義的慣用詞組或成語的詮釋之中。如果我在街上碰到一個熟人，和他打招呼說：「嘿！天氣真不錯，不是嗎？」我並不希望對方邊走邊這樣自言自語：「天哪！他說這句話是甚麼意思？難道他如此沒有主見，竟然弄不清楚天氣的好壞而不得不向我求救？那麼他為甚麼不停下來等答案呢？也許他認為我不知道今天的天氣情況，因此他好心地告訴我？他是不是在暗示說，今天由於他沒停下來和我說話因而顯得比昨天更為可愛，因為昨天我們停下來聊了那麼久？」艾柯稱這種類型的詮釋為偏執狂式的詮釋。如果我們的興趣與目的僅僅在於接收別人發出的信息的話，偏執狂式的詮釋也許會不合適；然而，我認為，有點偏執狂——至少是在試圖探討事物本質的學術界——對事物的詮釋而言是至關重要的。

但是如果我們的興趣並不在於接收別人發出的信息，而在於去理解比如說語言與社會之間相互作用的機制的話，不時地後退一步，反思一下為甚麼有人要說諸如「天氣真不錯，不是嗎？」之類毫無意義的大廢話，將會是非常有用的。為甚麼這句話被認為是一種很隨便的問候形式？其深層的文化內涵是甚麼？與也許具有

喬納森・卡勒

完全不同的問候形式或問候習慣的其他文化相比，這種問候形式能告訴我們甚麼特別的東西？實際上，被艾柯稱為「過度詮釋」的活動，其實質正是不斷地提出這種類型的問題，這些問題對一般性的交際而言也許並不重要，然而，它卻能促使我們去反思產生這些問題的文化的運行機制。

實際上，我認為，這個一般意義上的問題以及艾柯提出的那些具體問題，如果用韋內‧布思(Wayne Booth)幾年前在一本題名為《文學批評中的理解》的書中所提出的那種對立性區分來表述的話，也許更為準確：他沒有將文學批評分為詮釋與過度詮釋，而是將其區分為(適度)理解(understanding)與過度理解(overstanding)。在對「理解」這一概念的理解上他與艾柯並無二致，這個概念有點類似於艾柯的「標準讀者」。(適度)理解就是去問一些可以從本文中直接找到答案的問題。比如，「從前，有三隻小豬」這句話要求我們問的問題是「接下來發生了甚麼事情？」而不是「為甚麼是三隻？」或者「其具體的敘事語境是甚麼？」相反地，過度理解則在於去問一些作品本文並沒有直接向其標準讀者提出來的問題。布思的區分優越於艾柯的區分的地方在於，它更容易使人們看到「過度理解」的作用及其重要意義，而如果硬是將其視為「過度詮釋」的話，則無法做到這一點。

正如布思所發現的，去問那些本文並沒有鼓勵你去

問的問題，這一點對於詮釋來說可能非常重要，而且極富於創造性。為了探究「過度理解」的意義，布思在書中這樣問道：

> 你想用這個關於三隻小豬與一隻惡狼的、看來完全是講給小孩子聽的天真的小故事，來表達關於那個保存了你、並且與你心心相印的「文化」的甚麼東西呢？關於創造了你的那個作者或民間集體作者的潛意識的夢？關於敘事懸念的歷史？關於白色人種與黑色人種之間的關係？關於大人物與小人物、有毛與無毛、瘦與肥？關於人類歷史中的三合一模式？關於聖父聖靈聖子的三位一體？關於懶惰與勤奮、家庭結構、民用結構、節食與減肥、正義與復仇的標準？關於控制敘事視點以產生移情效果之歷史？你是否適合於一個孩子夜復一夜地讀、夜復一夜地聽？當我們理想中的社會主義國家誕生了時，還能容許像你這樣的故事 —— 如果居然還有這樣的故事的話 —— 的存在嗎？那個烟囱 —— 或者是這個對性諱莫如深的男性社會 —— 有着甚麼樣的性的內涵？烟囱所發出的那些噗哧的聲音有甚麼意義？[1]

我認為，所有這些「過度理解」都可算作「過度詮釋」。如果認為詮釋只是對本文意圖的重建，那麼這些

1　布思《文學批評中的理解：多元主義的力量與局限》（*Literary Understanding: The Power and Limits of Pluralism*, Chicago, Chicago Univeisity Press, 1979), p. 243.

問題與詮釋毫不相干；它們想問的是「本文做了些甚麼」，「它又是怎樣做的」這樣的問題：它怎樣與其他本文、其他活動相連；它隱藏或壓抑了甚麼；它推進着甚麼或與甚麼同謀。許多非常有趣的現代批評形式追尋的不是本文記住了甚麼，而是它忘記了甚麼；不是它説了些甚麼，而是將甚麼視為想當然。

弗萊(Northrop Frye)在其《批評的解剖》中，將視闡明本文的意圖為文學批評的唯一目的這種批評觀念，稱為「小傑克 · 霍納式」批評觀：認為文學本文就像一個餡餅，作者「勤勉地往裏面填入大量的美的東西或美的效果」，而批評家則像「小傑克 · 霍納」(Little Jack Horner)那樣得意洋洋地將填入的東西一個一個地抽出來，邊抽邊説：「啊！我多棒啊！」弗萊以一種對他而言很少見的刻薄稱這種觀點為「由於系統批評的缺乏而滋生出來的邋邋懶散和無知。」[2]

對弗萊而言，解決這一問題的方法自然是建立一種詩學體系，這種詩學體系能夠描述出本文為了實現其目的而使用了哪些策略。許多批評由於涉及的是具體的作品而都可以看作是一種詮釋，然而其目的也許並不是去重建那些作品的意義，而更多地是想去探討作品本文賴以起作用的機制或結構，以及文學、敘事、修辭語言、主題等更一般性的問題。正如語言學家的任務，並不是

2　Northrop Frye, *Anatomy of Criticism: Four Essays*, Princeton: Princeton University Press, 1957, p. 17.

去詮釋語言中的具體句子而是去重建這些句子得以構成並發揮作用的規則系統一樣，大量被誤以為是「過度詮釋」（或稍好一點，被誤認為是過度理解）的東西其目的正是力圖將作品本文與敘事、修辭、意識形態等一般機制聯繫起來。研究符號的符號學──昂貝多·艾柯正是符號學最卓越的代表之一──正是力圖在社會生活的不同領域去發現意義得以生成的系統和機制。

因此，我認為，羅蒂教授對艾柯的批評中所存在的關鍵問題，倒並不在於他聲稱（就批評者自身的目的而言）使用本文與詮釋本文沒有甚麼區別──他認為二者都是對本文的一種使用──而在於他聲稱我們應放棄對系統與規則的探求，應放棄試圖去發現結構與機制的努力，而去享受「恐龍，桃子，嬰兒與隱喻」本身所具有的快樂。在其文章的結尾處，他再次回到了這個問題，聲稱我們沒有必要試圖去發現本文是如何運作的──就像用BASIC語言一個字母一個字母地拼寫出某種文字處理系統的全部子程式那樣沒有必要。我們只應像使用某種文字處理系統那樣使用本文，並且力圖從中發現一些有趣的東西就可以了。

然而，我們還是發現，即使在這種觀點中也暗含着某種區分：在使用一個文字處理系統與對這個系統進行分析、解釋，或對它進行改進、使它適合於以前並不太適合的目的之間的區分。我們也許可以用羅蒂本人非常看重這種區分這一事實，來反駁他關於一切人對本文所

做的一切事都是在使用本文的聲明，或至少可以用來說明在使用本文的方式上存在着重大的差異。事實上，我們可以順着羅蒂的思路繼續往下推斷：儘管對許多目的而言，發現電腦程式或自然語言或文學本文是如何運作的這一點並不重要，然而，對理論研究——電腦科學，語言學，文學批評與文學理論——其目的卻正在於試圖去理解這些「語言」是如何運作，是甚麼東西促使它這樣運作，在甚麼條件下他們會以不同的方式運作。我們說話時不必考慮英語的句法結構而照樣能將英語說得很好這一事實，並不意味着試圖對其結構進行描述的努力沒有意義，它僅僅意味着語言學的目的並不是教人如何說好某種語言。

文學研究面臨着的一個令人困惑的問題是，當批評家聲稱對文學本文進行詮釋時，它們實際上做的卻是試圖對分析語言的系統及其各個要素，以及文學系統的全部「子程式」——如果你願意用這個詞的話。因此，正如羅蒂所可能認為的，這些批評家似乎只不過是想「使用」本文以講述關於人類存在所面臨的大量問題的故事。對文學本文的使用常常很少關注或探究這些本文的運行機制。然而實際上，在大多數情況下，這種關注或探究是至關重要的，儘管在作品詮釋的具體過程中，這一點可能並不會得到強調。關鍵的是，這種試圖去理解文學本文運行機制的努力是一種合理的學術追求，儘管並非人人都對這種追求感興趣，就像並非人人都對那種

試圖去理解自然語言的結構或電腦程式的特點感興趣一樣。我認為，作為一個學科的文學研究的目的正在於努力去理解文學的符號機制，去理解文學形式所包含着的諸種策略。

因此，我認為，羅蒂的理論中缺乏某種東西：他沒有意識到文學研究完全可以不只是對文學本文中的主題或人物作出一些愛憎反應。他想到了人們可以利用文學去獲得關於人類自身的知識——這當然是文學的主要功能之一，但似乎沒能想到人們也可以從文學中得到一些關於「文學」自身的知識。令人奇怪的是，一種將自己標舉為「實用主義」的哲學運動，竟然沒能注意到文學研究這一極為實際的活動目的，正是想獲得關於人類的創造物——比如文學——的運行機制的更多知識；因為不管文學「知識」這一觀念會提出甚麼樣的認識論問題，至少有一點是很清楚的：在文學研究中人們實際上不只是得到對具體作品的詮解（使用），而且還會獲得對文學運行機制——其可能性範圍及其獨特的結構——的總體理解。

然而，還不止於此。我經常發現美國當代實用主義——比如，羅蒂與費施的理論——存在着一個非常令人不安的問題：通過與某一學術領域（比如哲學和文學）的其他成員進行激烈的論戰，通過發現這一領域的前輩在概念上所存在的矛盾與不連貫之處並因而提出自己的另一套解決方法，許多學者登上了學術研究的頂峰；然

喬納森·卡勒

而，一旦登上了這一頂峰，他們卻突然勒馬倒戈，拼命排斥那種論辯性的知識體系，將學術研究輕描淡寫地描述為只不過是一群人在那裏埋頭讀書，並且試圖就所讀之書談出一些趣聞軼事而已。因此他們力圖系統地摧毀他們用以獲得其學術地位，並且可以使其他人接下來對他們的學術地位提出挑戰的那些結構。比如，斯坦利·費施是靠提供關於文學意義的本質以及閱讀過程的作用之類的理論，並且聲稱他的前輩關於這一問題的觀點都是錯誤的而建立其赫赫聲名的。然而，一旦達到了權威的地位，他卻轉過身來，說：「實際上，這裏不存在正確與否的問題；不存在像文學或文學閱讀的本質這樣的東西；只存在一些具有一定信念的讀者與批評家群落，他們一無所求，只是做着他們該做的事。其他讀者無法對我所做的東西進行質疑和挑戰，因為知識信念的合法性只有從其自身內部才能得到判斷，而不能從某個外在的立場得到判斷。」我認為，這種說法比羅蒂在其對艾柯的回應中所說的「實用主義之進程」更為糟糕。

理查·羅蒂自己的《哲學與自然之鏡》（*Philosophy and the Mirror of Nature*）之所以可以被認為是一部非常不錯的分析哲學著作，正是因為它將哲學的本質理解為一種結構體系，並且揭示出這一結構的各個部分之間的關係——這些關係對哲學學科的基本特徵提出了質疑。勸說人們放棄試圖去尋找隱含着的結構與系統的努力，而僅僅按照自己的目的與需要去使用本文，只不過試圖阻

止其他人去做他們本人曾借以取得成功的那些事情。同樣，你盡可以認為文學研究者不應浪費精力試圖去理解文學的運行機制，而只應去欣賞它、閱讀它，以希望能對自己的生活有所改變。然而，實際上，這種否認存在着任何共同結構——藉此年輕人或處於邊緣地位的人可以去對那些目前佔據着文學研究權威地位的人的觀點進行挑戰——的觀念的目的，是使自己的觀點處於一種無懈可擊、至高無上的地位，在否認存在某種結構的同時，實際上肯定了這種結構的存在。

因此，對我而言，羅蒂的應答中所存在的關鍵問題並不是是否應在詮釋與使用之間進行區分，而是他聲稱我們不再應該浪費精力去理解本文運行的機制，正如我們不必去理解電腦的運行程式一樣，其理由是即使我們對這種運行機制一無所知，也照樣會很熟練地使用它們。而我本人則堅持認為，文學研究的目的正是去獲取關於其運行機制的知識。

接下來我想評述一下艾柯與羅蒂兩人都涉及到、但卻看法不一的一個很奇怪的問題。他們兩人都有排斥解構主義的慾望。然而，奇怪的是，艾柯與羅蒂卻對「解構」作出了幾乎相互對立的描述。艾柯似乎將其視為讀者反應批評的極端發展形式，好像解構就是認為本文可以具有讀者想要它具有的任何意義。而另一方面，羅蒂則認為所謂解構思維（特別是保羅‧德曼的理論）就是拒絕放棄下面這種觀點：在文學本文之中確實存在着某種

　　　　　　　　　　喬納森‧卡勒

叫作「結構」的東西，它們將自身強加於讀者之上，讀者的閱讀只不過是對已經存在於本文之中的東西的一種確認。羅蒂認為解構主義維護那種認為存在着某種基本的本文結構或機制、批評家可以通過對本文的解讀發現這種運行機制的觀點。據他看來，解構主義之所以錯誤，是因為它不能接受讀者對本文可以有不同的使用方式的觀點——儘管任何一種使用方式都不能告訴你有關本文的「更基本」的本質。

在這兩種相反的觀點中——本文可以具有讀者想要它具有的任何意義；或者，本文具有某個不得不被發現的結構(解構主義難道真的這麼認為嗎？)——羅蒂比艾柯更接近一點真相。他的描述至少可以幫助我們解釋，解構怎樣會削弱某些既定的範疇或毀壞已有的期待視域。我認為艾柯被他對界限的過分關注誤入了歧途。他想說本文確實給予讀者大量自由的閱讀空間，但這種自由是有一定限度的。相反地，解構主義雖然認為意義是在語境中——本文之中或本文之間的一種關係功能——生成的，但卻認為語境本身是無限的：永遠存在着引進新的語境的可能性，因此我們唯一不能做的事就是設立界限。維特根斯坦問道：「我可以用Bububu這個詞來指稱『如果不下雨我就出去散步』的意義嗎？」他的回答是：「這只有在那種可以任意地相互指稱的語言中才行。」[3]這種說法似乎是在設立界限，因為它聲稱，只有

3　Ludwig Wittgenstein, *Philosophical Investigations*, Oxford, Blackwell, 1963, p. 18.

在一種特定的語言體系中Bububu才可能具有那種意義。
然而，語言(特別是文學語言)的運作方式卻使我們無法
確立這種界限。因為一旦維特根斯坦立下這一界限，在
某些情況下(特別是對於那些熟悉維氏學說的人而言)，
我們完全也可以在我們自己的語言中用Bububu去指稱
「如果不下雨我就出去散步」這個意義。但意義生成過
程中的這種任意性(缺乏界限的標誌)卻並不意味着意義
是讀者的自由創造——艾柯似乎很害怕這一點。相反
地，它表明，符號的運行機制是很複雜的，我們無法事
先確定它的界限。

　　羅蒂在批評解構主義思潮未能變成一種快樂的實用
主義時暗示說，保羅‧德曼認為哲學可以為文學詮釋提
供指導。我認為這種誤解應該得到糾正：德曼對哲學本
文向來持一種批判性的——在某種意義上說是「文學性
的」——態度；這與其修辭策略是相一致的，因為他很
少從中抽取出可以為文學詮釋提供方法的東西。但他卻
並不因此而認為哲學與哲學問題可以被撤置不顧(羅蒂
恰恰是這麼認為的)。解構式閱讀以獨特的方式顯示出，
傳統哲學區分所提出的那些問題，即使在最具有「文學
性」的著作中也存在，並且不斷重複出現。正是這種對
支配着西方思想界等級森嚴的二元對立觀念的關注，以
及對那種認為我們可以一勞永逸地解決這些二元對立的
觀點所具有的清醒的批判意識，給予「解構」以非常銳
利的批判鋒芒。那些等級森嚴的二元對立支配着西方哲

學體系的一些本質概念以及政治生活的基本結構，那種沾沾自喜地認為可以超越這些二元對立的理論不得不冒着拋棄整個「批評」事業（包括對意識形態的批評）的危險。

　　似乎天生就在詩學理念和本文詮釋之間搖擺不定的羅蘭·巴爾特（Roland Barthes）曾經寫過，那些不去下工夫反覆閱讀作品本文的人注定會到處聽到同樣的故事[4]。因為他們所認出的只是已經存在於他們頭腦中的、他們已經知道了的東西。巴爾特認為，實際上，「過度詮釋」的方法——比如，任意地將本文分成許多序列（sequences），對每一序列都進行仔細的考察並將考察的結果顯示出來，即使這也許與詮釋問題無關——就是一種「發現」的方法：對本文、符號以及符號實際運作機制的再現。一種方法如果不僅能使人思考那些具體的元素，而且能使人思考那些元素的運行機制，它就比只是力圖去回答本文向其標準讀者所提出的問題的那些方法，更有可能獲得新的發現。

　　在其第二次演講的開頭，昂貝多·艾柯將過度詮釋與他稱為「過度好奇」的東西——一種將一些偶然的東西視為至關重要的東西的「過度」傾向——聯繫在一起。他認為這是一種「專業性的有意曲解」，它鼓勵批評家對本文進行胡思亂想。相反地，我卻認為這是我們一直在努力尋求的、探究語言和文學奧秘的最好的方法

4　Roland Barthes, *S/Z*, Paris, Seuil, 1970, pp. 22–23.

和智慧源泉，我們應該不斷地去開發它，而不是去迴避它。如果對「過度詮釋」的恐懼竟導致我們去迴避或壓制本文運作和詮釋中所出現的各種新情況的話，那將的確是非常悲哀的。對我而言，這種新情況、這種求新的精神在今天實在是太罕見了——儘管昂貝多·艾柯教授的小說及其符號學研究本身就令人敬佩地顯示出了這種難得的創新精神。

喬納森·卡勒

—— 6 ——
「寫在羊皮紙上的歷史」[1]

克里斯蒂娜·布魯克–羅斯

這篇文章的題目[2]受到一種觀念的啟發，這種觀念現已熟為人知，但表達得特別出色的卻是薩爾曼·魯西迪(Salman Rushdie)的小說《屈辱》(*Shame*)。這種觀念認為：歷史是一種虛構，因而歷史的面貌是多種多樣、各不相同的。首先，請允許我引述他的一句話。他在這篇小說中直接站出來宣稱(實施「作者干預」)：「所有故事，都為以前所存在的故事的陰魂所纏繞」(116頁)。現在，再讓我作一個稍長一點的引述：

> 誰攫取了重寫歷史的權利？是那些移民，那些*mohajris*。用的是甚麼語言？烏爾都語[3]和英語：二者都是被引進的外來語。我們可以將巴基斯坦的歷史看作是兩個時間層之間的決鬥，這個日漸衰落的世界強迫自己與被人強

1　這篇文章用《故事，理論與物》(*Stories, Theories and Things*)一書的第十二章(Cambridge University Press, 1991).

2　[譯注]Palimpsest History. Palimpsest一詞原指可供書寫的羊皮紙，又可指寫在羊皮紙上的文字。因羊皮紙上的文字可擦去再寫，這個詞可以引申指歷史的虛構性；由於新的文字與舊的痕跡疊合在一塊，又可指一種多層次的歷史文化積澱。

3　[譯注]通行於印度與巴基斯坦，現為巴基斯坦官方語言之一。

加在自己身上的東西進行殊死的搏鬥。所有的藝術家都急於將他們自己的觀念強加在這個世界之上。巴基斯坦，這張被剝離的、經常與其自身發生衝突的、破碎的「羊皮紙」，可以被描述為一種美夢的破滅。也許是畫布上的顏料用錯了，它稍縱即逝，就像利奧納多的那樣；也許只不過是地方給設計錯了，這是一張充滿着無法調和的元素的畫：移民們身上坦胸露腹的披巾對土生土長、端莊嫻靜的信德人[4]身上的寬鬆褲與無領衫；烏爾都語對旁遮普語[5]；過去對現在——一種出了差錯的奇跡。

我像所有的移民一樣，我也是個幻想者。我在想像中建構起一些國家並且試圖將這種想像強加於現實中確實存在的國家之上。我也面臨着歷史所面臨的同樣問題：保留甚麼，刪除甚麼，怎樣保存記憶試圖拋棄的東西，怎樣對待每天都在發生着變化。

我重申：我所講的故事中這個「羊皮紙式的國度」並沒有自己的名字。[6]

然而，在緊接着這段引文之後幾行的地方，他又重新講述了納皮爾（Napier）的故事。納皮爾在征服信德後，「向英國發回了僅一個字的消息：Peccavi，意思是『我得到了信德』」；作者補充說：「我忍不住要用這個

4　[譯注]信德為巴基斯坦的一個省。

5　[譯注]旁遮普為南亞次大陸西北部的一部分，分屬巴基斯坦和印度。

6　Salman Rushdie, *Shame* (London, Jonathan Cape, 1985), pp. 87–8.

　　　　　　　　　　　　克里斯蒂娜·布魯克-羅斯

雙語的雙關語(同時也是虛構的,因為實際上從沒有人這麼說過)來命名我的巴基斯坦。讓它成為帕卡維斯坦(Peccavistan)吧。」(88頁)

前此,同樣是在進行「作者干預」時他還說過:「但試想一下:如果這是一篇寫實小說的話,會發生甚麼事情!」他接下來描寫的正是一些實際發生的、真實的恐怖事件與喜劇事件,在結束的時候作者這樣寫道:

> 現在想來,如果那時我果真寫了這樣一部書的話,即使我竭力聲稱我的作品並沒有具體真實的所指、並非指向巴基斯坦,也是沒有用的。書會被禁,會被倒進垃圾桶裏燒掉。所有的努力都會付諸東流。真是可怕,現實主義可以折斷一個作家的脊樑!
>
> 然而,幸運的是,我只不過是在講述某種現代童話故事。這樣就皆大歡喜。沒有人會感到不安,沒有人會把我的東西真當回事兒。也沒有必要採取甚麼過激的行動。
>
> 這是多麼大的解脫啊!

我們看到,最後一節無意中流露出一種多麼痛切的自嘲與反諷!

自然,所有這些引文也適用於《撒旦詩篇》[7],彷彿是提前對它所作的預言。《撒旦詩篇》牽涉到兩個「羊皮紙式的國家」——印度和英國——以及一個「羊皮紙

7　Salman Rushdie. *The Satanic Verses* (London, Penguin Viking, 1988).

式的」宗教——伊斯蘭；它屬於一種特殊的小説類型，這種小説類型在本世紀最後四分之一的時間裏突然在文學的舞臺上大放光彩，徹底更新了奄奄一息的小説藝術。其他著名的例子還有：墨西哥作家卡洛斯·富恩特斯的《祖國》[8]，南斯拉夫作家米洛拉德·帕維奇的《哈扎爾人的字典》[9] 等。有人稱這類小説思潮為「魔幻現實主義」。但我更喜歡將其稱為「羊皮紙上的歷史」。我認為，這種創作思潮始於馬爾克斯的《百年孤獨》[10]，品欽的《萬有引力之虹》[11]，以及庫弗爾的《公開焚燒》[12]。艾柯的《玫瑰之名》與《福柯的鐘擺》代表着另一種類型。你們可能已經注意到，這些作品篇幅都很大，這本身就與我們久已習慣了的新現實主義傳統所要求的某種八萬字左右的社會喜劇或家庭悲劇式的小説潮流背道而馳。但這一問題還是等會兒再説。

　　首先，我想對各種類型的「羊皮紙式的歷史」進行一下區分和歸類：

1. 寫實的歷史小説——對此我不準備加以討論；
2. 故事純屬虛構，背景假設在某一歷史時期，魔幻的東西

8　Carlos Fuentes, *Terra Nostra* (London, Secker and Warburg, 1977).

9　Milorad pavi, *Dictionary of the Khazars* (London, Hamilton, 1984).

10　Gabriel Garcia Márquez, *A Hundred Years of Solitude*, Gregory Rabassa譯 (New York, Harper and Row, 1967).

11　Thomas Pynchon, *Gravity's Rainbow* (New York, Viking, 1973).

12　Robert Coover, *The Public Burning* (New York, Viking, 1977).

克里斯蒂娜·布魯克-羅斯

不時介入其中（約翰‧巴思[13]，馬爾克斯）；

3. 故事純屬虛構，背景假設在某一歷史時期，雖沒有魔幻的東西介入，但由於有如此多時代指稱不明的哲學、神學和文學典故與暗示，其效果是魔幻的──在此，我想到的是艾柯；還有昆德拉（以一種很不相同的形式，部分原因是因為他將小說中的歷史時期安置到了現代）[14]；

4. 對一個更近因而人們也更熟悉的歷史時期或歷史事件的重建，雖有明顯的魔幻色彩，然而這種魔幻色彩是受幻覺的激發而產生的，比如《公開焚燒》中山姆大叔與副總統尼克松之間的關係，或《萬有引力之虹》中支配一切、君臨一切的偏執狂情緒。

第五也是最後一種類型的「羊皮紙式的歷史」是關於一個民族或一種信仰的，可能涉及、也可能不涉及到魔幻的東西，或者說，與真實地描寫出來的人類自身的荒誕性相比，這種小說的魔幻性似乎就顯得無足輕重、自然而然了。這一點我們可以在《祖國》，《撒旦詩篇》和《哈扎爾人的字典》中看到。我認為這些作品比我在第四類中所說的《公開焚燒》和《萬有引力之虹》──這兩類似乎有許多共同點──效果更好，更為有意義，可讀性更強，因此我認為這是一種真正的更新。實際上，

13　John Barth, *The Sotweed Factor* (London, Secker and Warburg, 1960).

14　請見米蘭‧昆德拉《生命中不能承受之輕》(*L'Insoutenable l'égèrete de l'être*)，Kerel譯本(1984)，作者修訂本(Paris, Gallimard, 1987)；《不朽》(*L'Immortalité*)，Eva Bloch和作者合譯(Paris, Gallimard, 1990).

這些作品通過不同的想像性方式與馬爾克斯、昆德拉和艾柯更緊密地聯繫在一起，儘管表面上看來這三位是多麼地不相同：馬爾克斯講述了一個家族遷徙和定居的虛構故事，似乎不屑於過問歷史，而艾柯小說中有關歷史、神學和通靈學的歷史知識卻是多麼準確（至少表面上看來如此）。

讀者可能已經注意到，如果我們將庫弗爾和品欽撇開不論——對我而言，這兩位作家並沒有完全成功地以這種羊皮紙的方式對現代小說給予更新——我們討論的這些小說都出自非英美傳統的小說家之手。儘管魯西迪用英語寫作，寫得相當不錯，並且用印度語的詞匯和高度成語化的表達方式對英語做了一定程度的更新，但是，他卻毫不猶豫地聲稱，他是作為移民而寫作的。英語小說很久以來即奄奄一息，封閉在它瑣碎、狹隘、高度個人化的敘事傳統之中。儘管美國的後現代主義似乎不時地帶來一些新的靈感與新鮮氣息，然而，它仍然過分關注作者與其作品之間自戀式的關係——而這一點除了作者本人外別人似乎不大感興趣。儘管讀者這一方面也會經常得到關注，但讀者在這種自戀式關係之中是非常被動的，其作用只是「看看我（作者）正在做甚麼」。在此，我特別想到的是約翰·巴思（他也寫大部頭的小說），或是索倫提諾的《青菜燴魚》[15]。然而，這些小說與歷史都沒甚麼關係，它們要麼更多地涉及到作品的形

15　Gilbert Sorrentino, *Mulligan Stew* (London, Marion Boyars, 1980).

　　　　　　　　　　　克里斯蒂娜·布魯克-羅斯

式，要麼更多地涉及到美國現代生活方式，要麼是二者兼而有之。

　　剛才我提到了艾柯小說表面上的歷史精確性。《哈扎爾人的字典》則與此剛好相反。哈扎爾是一個歷史上確定存在但現在已經消失了的民族，小說根據一些傳記資料滑稽地將其重建了起來。小說分為三大部分：基督教部分，猶太教部分，伊斯蘭教部分，每個部分都自認為哈扎爾人皈依了自己的那一種宗教；人物在不同的部分重復出現，這樣就為讀者設置了一個相互參照的系統，使讀者能夠積極而不是消極地進行閱讀，以仔細地品味作者的敘事機智與技巧。

　　或者，我們可以考慮一下《祖國》中的西班牙國王腓力二世。他被描寫為一個比實際的他更年輕的人：在佛蘭德斯屠殺新教徒，後來又為他的祖先以及他自己建造永久性的埃斯科里亞爾陵墓群[16]。這是歷史事實。但他同時又被描述成已經死去的「英俊的腓力」(Felipe el Hermoso)與仍然健在的「瘋子喬娜」(Juana la Loca)的兒子。而實際上「英俊的腓力」與「瘋子喬娜」的兒子卻是查理五世。二者奇怪地混合在一起。他有時被稱為「腓力」，但大多數時候是被稱作「皇上」的，因為「皇上」這個詞對二者都適用。有一次，他自己說：「我也叫腓力」——這就使讀者猜想「腓力」是不是

16　[譯注]the Escorial，西班牙首都馬德里附近一大理石建築群，包括宮殿，教堂，修道院，陵墓等，建於十六世紀。

查理五世的另一個名字。他作為青年腓力出現，被「皇上」（他的父親）強迫着對一個年輕的、農民出身的新娘行使「初夜權」。但之後不久又說他是與一個叫作伊莎貝拉的英國表妹結婚。實際上這與腓力二世的真實情況不符。查理五世的皇后雖然也叫伊莎貝拉，卻不是英國人而是葡萄牙人。他從沒碰過這位英國的伊莎貝拉，他知道她有不少情人，最後他和她友好地分了手，將她送回英國 —— 在英國她成了「處女皇后」伊莉莎白（Virgin Queen Elizabeth）。現在，我們知道腓力的四個妻子中有一個是英國人，但她的名字不是伊莎貝拉，而是瑪麗·都鐸。貫穿於小說中的一個主題是，「皇上」沒有繼承人，死後無嗣。小說描寫他以一種非常可怕的方式走向死亡，他被放進棺材裏時仍然活着，並且目不轉睛地望着祭壇後面的一幅畫，因為這幅畫奇怪地發生了變化。顯然，歷史上的查理五世有個繼承人，即腓力二世。歷史上的腓力二世也有個繼承人，是和他奧地利籍的第四個妻子生的，這個繼承人即後來的腓力四世。因此小說中唯一真實的歷史事件是他在佛蘭德斯圍困了一個城市 —— 儘管小說中沒有出現根特[17]這個地名 —— 以及建造了埃斯科里亞爾陵墓（他只是對這一事件進行了描述，也沒有出現具體的名字）。腓力隱退進埋葬死人的宮殿裏與查理退居到寺廟裏去 —— 儘管他並沒有親自建造這一寺廟 —— 這兩件事聽起來竟如此驚人地相似。

17 [譯注]根特（Ghent），比利時西北部一城市。

　　　　　　　　克里斯蒂娜·布魯克-羅斯

另一與此類似的混亂出現在有關「新大陸」的那一部分之中。長着六個指頭和一塊紅色十字型胎記的三胞胎（假定的篡位者）中的一個，帶着一個同伴（後來被人殺死），乘着一艘小船往新大陸進發，在西班牙佔領前的墨西哥經歷了一次長時間的、奇妙的歷險。當他回來時，腓力拒不相信新世界的存在，而腓力的這種觀點得到了他那個時代的歷史事實的證實：因為當時所有的學校教科書都說，查理五世的帝國是個「日不落」的帝國。

　　但這些並不妨礙閱讀，正如小說中某些非皇族血統的人物有着現代性的化身這一點並不妨礙閱讀一樣。為甚麼呢？不僅因為故事本身即是一個令人激動的、像真實的故事那樣令人信服的好故事，而且因為它對許多東西都作出了完全不同的新的描述：人類處境的現狀及其來源；至高無上的權力及其過失；當權者僅僅根據一己之見去確定甚麼是真理而不相信有成千上萬的工人死於建造奇異的宮殿、有成千上萬的無辜者死於建造奇異的幻境這樣的事實。在某種意義上說，這構成了一個科幻小說理論家所說的那種「替代性世界」。

　　但科幻小說所描述的替代性世界要麼或多或少地是根據這種小說所提供的特定模式（根據這一文類的要求做了一些明顯的改變）建造起來的，要麼表達的就是我們熟悉的這個世界，只不過某些方面根據外星人或科學上暫時還不可能實現的其他事件做了一些改變而已。這不是替代性的世界，這是替代性的「歷史」。寫在羊皮紙上

的歷史。並且還會偶然出現對羊皮紙式宗教的一點冥思或幻想(尤其是在胼力身上),看起來就像令人駭異的異端邪說,或者簡直就是褻瀆神靈,正如過去的基督徒所可能認為的那樣。但教會的權威卻並沒有反對過它們。或許他們從文藝復興時期的天主教宗教法庭那裏吸收了教訓。或者,更有可能的是,他們從不讀小說。看來,那些譴責魯西迪的人們——像他的許多辯護者那樣,他們的譴責僅僅從一些空洞的原則出發,而很少從小說的實際出發——似乎也沒有讀過他的小說。

這把我帶回到《撒旦詩篇》上來。魯西迪可能讀過《祖國》這部小說,因為他的作品也有個人物長着六個指頭,儘管這個人物在他的作品中微不足道;並且,環繞在前往阿拉伯海的朝聖者頭上的成千上萬的蝴蝶似乎也是受了阿茲特克女神[18]頭巾上面生趣盎然的蝴蝶的啓發。但這可能只是一種巧合。或者是一種暗示。我的看法是,不管是否受到其影響,《撒旦詩篇》仍然是我們所說的「寫在羊皮紙上的歷史」。自然,我們不應為此感到奇怪:當注意力被引向這些作品時,是專制政府而絕不是神權統治的政府會反對這種「寫在羊皮紙上的歷史」。這類事在蘇聯頻頻發生。這些政府總是忙於重寫它們自己的歷史,只有他們的羊皮紙才可以被接受。然

---

18 [譯注]阿茲特克(Aztec)乃墨西哥印第安人,有着高度發達的文明,約自公元一二〇〇年起的墨西哥中部建立帝國,一五二一年為西班牙殖民者所征服。

克里斯蒂娜·布魯克-羅斯

而，《撒旦詩篇》的每一節都可以在《可蘭經》（以及《可蘭經》的傳統）與伊斯蘭歷史中找到回音。比如，麥杭德(Mahound)總是能收到支持他以雙重標準對待他的妻子們的信息，但這一信息並不是由敘事者表達出來的，而是由小說中被征服了的「加西利亞」(Jahilia)的抗議者表達出來的。這一點可以在穆罕默德的啟示錄中找到回音：

> 先知！我們賦予你下面這種特權：你可以佔有你曾給予過妝奩的妻子以及安拉作為戰利品賜給你的年青女奴；可以佔有那些和你一起逃亡的所有父系和母系的表姊妹，還有其他那些願意向你獻身、你也願意與其結合的女人。這個特權只賜予你一人，任何其他信徒皆不能享此殊榮。
>
> 　我們十分清楚我們要求信徒對他們的妻子和女奴應盡的職責。我們賜予你這項權利以便沒有人可以指責你的行為。它拉寬宏而又仁慈。(288頁)

這就以一種輕度幻想的方式使加西利亞妓院中的十二個妓女名正言順地成了先知的妻子。這是一種多麼容易的方式！魯西迪對此曾作出過解釋。我認為，在書中我們可以得到對《可蘭經》的一種不同的新的解讀，一種詩性的、再創造性的解讀。甚至是撒旦詩篇這一事件也能在另一語境，或者更準確地說，在「無語境」中找到回

音。穆罕默德曾被告知：「當我們把一首詩篇換成另一首詩篇時(安拉最清楚他所顯示的東西)，他們說：『你是個騙子』。的確，他們大部分人是無知的」。(304頁)

　　自然，正如魯西迪所堅持認為的，所有這些對《可蘭經》的再創造性解讀都經過了改造——儘管也許沒有一般讀者所習慣的那麼明顯——它們是以吉布瑞爾·法里什塔(Gibreel Farishta)夢境的形式出現的。法里什塔是印度的一位穆斯林演員，他經常在描寫神靈的那類印度電影中扮演印度神的角色。換言之，正如品欽所描寫的那件事件是受偏執狂情緒的激使那樣，這種與傳統解讀不同的解讀也是以同樣的方式進行的。的確，使用夢境乃魯西迪的防身武器之一。然而，我個人認為，就純文學的層面而言，它們的使用幾乎是失敗的，我寧願將其讀作一種虛構的事實：為甚麼吉布瑞爾——他從爆炸的飛機上摔下來居然倖免於難——沒有進行同樣的時間旅行？他的同伴薩拉丁[19]畢竟變成了魔鬼，長着尾巴和角，然後又突然痊癒了。對羊皮紙式的宗教的這種不同的解讀同樣是以一種隱喻的、同時也是心理學的方式進行的，並且通過現代感受力對其重新加以了改造。但正如艾柯在其「讀者的意圖」一文[20]中所說：

19　[譯注]薩拉丁(Saladin)，阿拉伯姓名，特指埃及和敘利亞蘇丹、阿布尤王朝的創建者(1137?–1193)，他大大促進了伊斯蘭教的發展，曾擊敗十字軍的東侵，佔領耶路撒冷。

20　艾柯，「讀者的意圖」，載*Differentia*, 2 (1988), 147–68.

　　　　　　　　　　克里斯蒂娜·布魯克-羅斯

你盡可以像瓦萊里那樣宣稱，「根本就不存在本文的原義這樣的東西」，但你依舊無法斷定詮釋的無限性該取決於三種意圖（作者所意識到的，作者所未曾意識到的，作者所明確斷定的）中的哪一種。中世紀與文藝復興時期的猶太教神秘主義者認為，希伯萊聖經《摩西五經》（*The Torah*）的詮釋是無限的，因為它可以通過無限多的組合方式進行重寫；然而，它的這種解讀（以及寫作）的無限性——顯然有賴於讀者的激發——卻是那個神聖的作者所規定的。賦予讀者以詮釋的優先權並不必然意味着詮釋的無限性。

如果你認為讀者有詮釋的優先權，你同時必須考慮另一種可能性：一個活躍而固執的讀者可能會認定只有他那一種解釋才是合適的——原教旨主義者就認為他們有按照原義解讀聖經的特權。(155)

顯然，同樣的事情也發生在《可蘭經》的解讀上。只有那些權威的解經者才被許以詮釋的權力。作者並無立足之地。在《撒旦詩篇》中，麥杭德說他看不出詩人與娼妓有甚麼區別。要是作者碰巧是一位不信教的人，那他的處境比無立足之地還要糟糕，因為《可蘭經》說得很清楚，安拉只賜福給那些信教者，甚至會把那些不信教的人引入歧途——這是一種奇怪的觀念，它使我們想起「不要把我們引入誘惑之中」這樣的祈求，儘管有人在後面再加上一句說：「使我們擺脫一切邪惡」。《可蘭

經》卻不是這樣（除非那些不信教的人幡然悔悟，因為安拉是仁慈的）：「沒有人會引導被安拉引入歧途的人。安拉拋棄他們，讓他們在荒野中胡奔亂突」（256頁）。關於以後所可能出現的新的解讀，安拉說：「這就是安拉過去處理事情的方式：你會發現這種方式是不會改變的」（272頁）。還有：「宣讀真主在經文中所做的啟示吧。沒人能改變他的話。」（92頁）——只有一個人例外，正如我們所知，那就是安拉自己。

有趣的是，小說有好幾次描寫不信教的人指責穆罕默德的啟示為「過了時的虛構故事」（298頁），並且認為《多拉》和《可蘭經》是「兩部相互循環論證的魔幻作品。我們一個也不相信。」（78頁）對於非伊斯蘭的讀者而言，伊斯蘭教是徹底「反敘事」的（anti-narrative）。《可蘭經》除了一兩個地方外，根本就沒有故事。這可以被看作「反表述」（anti-representation）規則起作用的結果，要不是裏面有一些取自《多拉》經(廣義上的)故事碎片的話：安拉說，告訴他們關於我們的奴僕亞伯拉罕，或者摩西，或洛特，或約伯，大衛，所羅門，一直到伊莎白，撒迦利亞，或瑪麗與耶穌的故事吧。這種調和與折中的態度非常引人注目。但故事本身是無法確認的，它們只是一些碎片，作為安拉之真理的「論據」和「符號」不斷重覆出現。除此而外，《可蘭經》令人驚異地處於靜止的狀態。沒有敘事綫索。這是一本信仰與倫理之書，確立了某種新的人道主義——通過肯定與禁

　　　　　　　　　　克里斯蒂娜·布魯克-羅斯

令，懲罰的威脅，毀滅的實例，獎賞的承諾而展開。穆罕默德的故事有其他的來源。我並不想冒昧地對此進行深究，因為我是一個伊斯蘭教徒，況且經文的注釋者無疑對此有不同的看法。同樣無疑的是，在其他阿拉伯傳統或波斯傳統中的確存在着敘事。我的意思只是，單從《可蘭經》來看，下面這一點根本不足為奇：更為嚴格的詮釋者和信仰者將無力想像、更不用說理解這種新的小說形式 —— 羊皮紙式的歷史，羊皮紙式的宗教，或者說，羊皮紙式的人類精神。

然而，對某種現代感受力(或至少是我本人的感受力)而言 —— 如果真的如許多社會學家和其他觀察家所言，宗教精神正在復歸的話 —— 吉布瑞爾、薩拉丁以及腓力二世等人痛苦的焦慮要比格林[21]筆下那些自我中心、性慾中心、威士忌中心、罪惡－救贖中心的人物所具有的焦慮生動得多，也更能打動我們，原因在於他們既根植於古代歷史又根植於現代歷史，而且借鑒並轉化了其他民族的東西，成了一種多元的複合物。

我已經花了較多的筆墨討論這種類型的作品的規模，現在我想討論一下一個更為一般性的問題以結束本文。我所提到的作品篇幅都很大，部分原因是裏面包含着大量專業化的知識。正如弗蘭克‧克默德最近所指出的，托馬斯‧品欽「掌握着大量的專業知識 —— 比如，

21　[譯注]格林(Graham Greene, 1904–)，英國小說家。

關於技術、歷史和性變態的知識」[22]。艾柯對於神學、通靈學、文學和哲學，富恩斯特對於西班牙與墨西哥的歷史，魯西迪對於巴基斯坦、印度、印度教和伊斯蘭教都同樣如此。這些作者對他們所描述的事實像歷史學家那樣認真和嚴謹。順便提一下，更講究科學性的科幻小說作家也是這樣。

長久以來，知識在小說中就不受歡迎。如果我可以岔開去說幾句題外話的話，我認為這一點對於女性作家而言尤其如此。人們認為女性作家只適合於描寫自己的個人處境與個人問題。我本人就經常被指責為炫耀知識。但相反地，我從沒發現在男性作家身上這被認為是一種缺陷。即使是——結束了題外話——作為一種褒揚，顯示自己的博學通常也被認為無關緊要：某某作家先生在作品中花了很大篇幅去談論關於某一問題的知識，但批評家卻對此不屑一顧，逕直去討論甚麼主題、情節、人物，有時還有風格(通常是按此順序)的問題。在此社會學和精神分析學佔上風的世紀裏，大受青睞的是個人的體驗以及對個人體驗的成功表達。一本小說可以以此作為其最後的憑藉。小說家可以靠個人感覺喫飯，至多不過是運用一些匠人式的技巧將其組織得更好、表達得更好一些而已。

---

22 弗克默德「評品欽的《葡萄園》」(Review of Pynchon's *Vineland, London Review of Books*, 8.2.1990)

克里斯蒂娜·布魯克-羅斯

同樣，結構主義者花費大量的筆墨去分析古典現實主義小說是如何產生出現實幻象的。正如阿蒙(Philippe Hamon)的研究[23]所揭示的，左拉對礦山和屠場作過大量的社會研究，並且在小說中運用了從這些研究得來的知識，這些知識在小說中往往對那些初入社會、需要不斷學習的人物講述。人們創造這種技巧目的是使一種文化「自然化」。然而，對現實主義幻象進行「解構」實際上並不能改變這種幻象。「我們所認識的十九世紀」，奧斯卡·王爾德(Oscar Wilde)說，「幾乎完全是由巴爾扎克創造出來的。」同樣，狄更斯也不得不學習法律及所有其他方面的知識，托爾斯泰得瞭解戰爭，托馬斯·曼得瞭解醫學、音樂等。喬治·艾略特——一位知識淵博的女性小說家——說作家沒有必要非得到工廠車間去體驗生活，只要走出家門就足夠了。這顯然是對的：作家不能沒有想像力。陀思妥耶夫斯基懂得這一點。另一方面，足不出戶，僅僅坐在家裏苦思冥想也是不行的。但古典的現實主義小說家所做的這種大量的閉門玄想卻是社會學的，並且最終導致了描寫礦工、醫生、足球隊員、廣告人等生活片段的小說的產生，這些我們在現代新寫實主義小說那裏已經很熟悉了。實際上，這又返回到了作家的個人體驗。如今，個人體驗令人遺憾地受到了限制。美國後現代主義作家試圖衝破這一局限的努力

23　Philippe Hamon, Un discours contraint, *Poétique* 16 (Paris, Seuil) 411–45；後被收入 *Littérature et réalité* (Paris, Seuil, 1982), pp. 119–81.

除了與敘事成規進行一些滑稽的遊戲外 —— 一種很狹窄的知識類型 —— 幾乎一無所成。

當然，為了表明我的觀點，我的描述稍微有點誇張。我並非試圖證明我所討論的複調多元的「羊皮紙式的小說」是我們這個時代唯一偉大的小說，或者在此之前沒有出現過其他類型的高度虛構的作品。我只是想說，小說的任務是去做那些只有小說才能做的事，電影、戲劇和電視在做這些事時不得不對其進行大大的簡化和改造，甚至可能會失去一切。小說將根深扎在歷史文獻之中，總是與歷史有着親密的聯繫。然而與歷史不同的是，小說的任務是將我們心智的、精神的，以及想像的視野拓展到極致。而「羊皮紙上的歷史」通過將現實與魔幻，歷史與對歷史精神的、哲學的再詮釋化合在一起正好能夠作到這一點，因此可以認為這種「羊皮紙上的歷史」是各種文化遺產中的經書 —— 它們靠它們所創造的信仰的力量生存(在此我將荷馬包含在內，他同樣依靠文藝復興時期對古典文化有效性的絕對信念而得以保持其永恆的魅力) —— 與這些經書所創造的無窮無盡的注釋與評論，這些評注通常並不依靠他者而生存，每一評注都根據時代精神的需要取代前人的評注，就像荷馬史詩和俄國古典小說各種譯本之間的相互取代一樣 ——二者之間不斷地游移和漂浮。蒲伯(Pope)的荷馬不是布切與朗(Butcher and Lang)的荷馬，在今天它的可讀性也沒有蒲伯其他的詩作那麼強。布切與朗的荷馬也不是菲

克里斯蒂娜·布魯克-羅斯

茲傑拉德(Robert Fitzgerald)的荷馬。將《撒旦詩篇》置於《可蘭經》與對《可蘭經》心懷惡意的詮釋者之間的夾縫中也許對其很不尊重，但我在此僅僅是從文學的角度對其進行探討。如果我說荷馬史詩只有部分的歷史真實性而本質上只不過是一種神話傳說，或者，富恩斯特(Fuentes)的西班牙歷史就像被學校教科書神聖化了的「真實」歷史以及艾柯的「鐘擺」與通靈學的「真實」歷史那麼有趣的話，我的觀點可能會更為清晰。這是因為，它們都是「寫在羊皮紙上的歷史」。

7

應 答

昂貝多·艾柯

　　理查·羅蒂對我作品本文所作的細讀非常富於代表性。然而，假如我真的為羅蒂的解讀所信服的話，我應該說他的解讀是「真的」，這樣就無形中對他對「真理」一詞的理解提出了質疑。或許，為了對這樣一位讀者表示敬意，我應該按照他所建議的方式去作出反應，問：你的文章究竟講了些甚麼？然而，我承認，我對懷疑論者的論點所作出的這種反應，可能會陳舊而又乏味。況且大家都知道，一個好的懷疑論者有資格以奧威爾《動物農莊》(*Animal Farm*)的同樣方式，作出自己的反應：「不錯，所有詮釋者都是平等的，但有一些要比另一些更平等。」

　　況且，去問羅蒂的文章「講了些甚麼」是不公平的。毋庸置疑，它是的確講了「甚麼」的。文章的焦點集中在他在我的小說和我的論文之間所發現的相互矛盾上面。羅蒂作了一個既非常有力而又非常含蓄的假設：一位作家所寫的所有本文之間具有某種「家族的相似性」，因而所有這些不同的本文都可以被視為一個整體，可以根據其自身的「內在連貫性」去加以考察。如果柯勒律治(Coleridge)還在世的話，他是會同意這種看法

的，並且會補充說：這樣一種試圖確認各組成部分與整體之間聯繫的傾向並非文學批評的新發現，而是人類大腦的一種必然需要 —— 卡勒已經揭示出，這種需要同時也導致了《哲學與自然之鏡》這部作品的產生。

我知道，根據一種流行的觀點，我所寫的某些作品可以貼上「科學的」（或學術的、理論的）標籤，而另外一些則可以被界定為「創造性的」。但我不相信這樣一種涇渭分明的區分。我認為亞里士多德和索福克勒斯，康德和歌德一樣富於創造性。這兩種類型的寫作不存在某種神秘的本體論差別，儘管歷史上存在着不少著名的「為詩辯護」之類涉及到本體論的問題。差別只存在於作者的前提假定之上 —— 儘管作者的前提假定通常得通過「本文策略」才能得以闡明，並因而成了「本文」的前提假定。

當我寫理論性的作品時，我試圖從我零散而互不相聯的經驗中得出某種連貫性的結論，並且我盡量將這種結論傳達給我的讀者。如果讀者不同意我的結論，我會作出反應，對讀者的詮釋提出質疑。相反地，如果是在寫小說，儘管（完全可能）我同樣得從經驗材料出發，但我明白我不會將我的結論強加於其上：我只是讓那些相互對立的東西自己充分顯示出來。我不提出結論並不意味着沒有結論；相反，有許多可能的結論（通常，每一結論在一個或更多的人物身上表現出來）。我之所以控制着自己，不在這些不同的結論中作出選擇，並不是因為

昂貝多·艾柯

我不想選擇，而是因為一個創造性的本文的任務，在於充分展示出其結論的多元性及複雜性，從而給予讀者自由選擇的空間——或者讓讀者自己去判斷有沒有可能的結論。在這種意義上說，一個創造性的本文總是一個開放的作品。創造性本文中語言所起的獨特性作用——這種語言比科學本文的語言更模糊、更不可譯——正是出於這樣一種需要：讓結論四處漂泊，通過語言的模糊性和終極意義的不可觸摸性去削弱作者的前在偏見。我對瓦萊里「根本就不存在本文的原義這樣的東西」一說表示懷疑，但我接受本文可以有許多不同的詮釋這樣的觀點。我反對那種認為本文可以具有你想要它具有的任何意義的觀點。

顯然，有些哲學本文也可以歸入「創造性本文」的範疇，而也有一些所謂的「創造性」本文其目的卻在於說教，在於給出一個結論——在這種本文中，語言無法實現其開放的狀態。儘管如此，我的觀點卻不會因此而得到改變，因為我只是劃分出一個粗略的類型，而不是對具體的本文進行劃分。克里斯蒂娜·布魯克－羅斯談到了「寫在羊皮紙上的歷史」：我認為，她所說的那些本文只不過更為明顯地將本文自身的內在矛盾外在化，或者說，不僅描寫出了心理上的矛盾性(如同那些老式的寫實小說一樣)，而且也描寫出了文化上的以及知識上的矛盾性而已。而一旦它們描寫出了寫作行為本身所存在的矛盾性，它們就達到了一種「元本文的狀態」（metatextual status），也就是説，它們就在敘説着自身內在的、本質的開放性。

羅蒂對我《福柯的鐘擺》的解讀深入而敏鋭。他被證明是一個很好的「經驗讀者」，符合我對「標準讀者」的要求。我希望他不會為我的這種欣賞所激怒，因為我明白我這樣説的一個前提是：他並沒有對本文進行一般意義上的解讀，而只是解讀了「我」的本文。我通過他的詮釋對自己的小説有了一些新的認識（我想別人也可能做到這一點），這一事實並不能使我的理論立場有所改變，相反地，卻無疑對他自己的理論提出了質疑。本文作為一種「參量」而存在，它可以接受許多不同的解釋。

現在，請允許我不從作者的角度（因為作為理論家的我可能會令人難以接受），而從讀者的角度來評價一下羅蒂對我小説的解讀。從這種視角出發，我有權這麼認為：羅蒂雖然閱讀的只是「我」的小説，但仍有斷章取義之嫌，因為他關心的只是小説的某個方面，而有意忽視了其他的方面。他出於自己哲學觀點的需要——或，如他自己所示，出於其自身修辭策略的需要——部分地「使用」了我的小説。他僅僅關注的是我小説解構性的一面（即反詮釋的一面），而一聲不響地忽略了這樣一個本文的事實：在我的小説以及對我的小説不無偏激而狂熱的詮釋中，存在着另外兩個詮釋的例子，即利亞（Lia）的詮釋與卡索邦所作的最後詮釋——他得出結論説詮釋已經「過度」了。對我來説，如果認為利亞與卡索邦的

　　　　　　　　　　　　昂貝多·艾柯

結論就是我本人的結論，那將是非常令人尷尬的；認為小說作出這種結論是為了說教，那將是令人惱怒的。然而，儘管如此，這些結論卻不會因此而消失，它們就在那裏，與其他可能的結論分庭抗禮。

羅蒂可以反駁我說，他並非特意去搜尋這些不同詮釋的例子；這也許是我自己的錯。他在我的作品中讀到了他聲稱讀到了的東西。沒人能對此提出異議，說他不過是在「使用」我的本文，因為這樣的話他就得證明他對我作品整體的理解要比別人的理解更為合理。羅蒂可以說，他可以根據自己的愛好和目的去進行閱讀這一事實本身，無疑就是一個很好的證據，證明他的訪問方式是正確的，沒有哪個「裁判所」能夠斷言他的訪問方式沒有我的閱讀方式那麼合理。在這一點上 —— 如果我是在「過度詮釋」羅蒂的文章的話，我深感抱歉 —— 我可以問羅蒂，他論文一開頭為何充塞着那麼多委婉地表示歉意的措辭：

「我決定……」

「我是在做所有那些患有偏執狂的宗教分類學家同樣類型的事情……」

「我用以解讀任何本文的標準……」

「以此為標準，我就可以將艾柯看作我們實用主義者的同道人……」

「艾柯可能……會視我的解讀為一種使用而不是……」

羅蒂顯然明白，他所提供的解讀方式充滿了個人的激情與偏好，他可以採用其他的閱讀方式(他似乎知道是哪些方式)：將注意力集中在本文的其他方面。

　　我認為，由於受愛或恨的激發和驅使，我們總是充滿激情地、不無偏激地閱讀本文。然而，我們發現，兩次讀同一篇小說得出的結論會迥然不同：比如說，二十歲時喜歡的一個人物，到了四十歲時則成了厭惡的對象。但是如果我們有文學感受力的話，我們通常會意識到，本文的結構方式本身就包含了這兩種解讀的可能性(或碰巧，看起來似乎如此)。我承認我們歸之於本文的所有特質，都不是本文內在所特有的，而是來自於本文與解讀者之間的關係。但如果科學家的職責，是去理解即使地心引力也牽涉到地球、太陽和太陽系中某個特定的觀察者三者之間的相互關係的話，那麼我們同樣可以說，對本文的任何解釋都涉及到三個方面的因素：第一，本文的線性展開；第二，從某個特定的「期待視域」進行解讀的讀者；第三，理解某種特定語言所需的「文化百科全書」，以及前人對此本文所作的各種各樣的解讀。這三個因素——等會兒我們再詳細討論——只能根據一個讀者群或一個文化體系約定俗成的整體回應來判斷。

　　說不存在甚麼「物自身」(Ding an Sich)，我們的知識只具有相對的價值、只是一種人為建構起來的東西，並不意味着語言只是一些能指符號而沒有具體的所指物。說這種所指物具有一種「關係特質」，並不意味着我們

不能討論某種特定的關係。毋庸置疑，我們的知識具有「關係的」(relational)特質，我們無法將事實與我們用以表達(和建構)這些事實的語言分離開來：這就激勵着我們去進行詮釋。我同意卡勒的觀點，即使是過度詮釋也大有裨益；我也同意「詮釋學質疑」這種觀念；我確信，三隻小豬之所以是三隻而不是兩隻、四隻是有一定目的的。在我的講演中，當我談到對我自己小説的詮釋以及對別的作者的小説的詮釋時，我曾一再強調，要去斷定某一詮釋是好還是壞是非常困難，我認定，為詮釋設立某種界限是有可能的：超過這一界限的詮釋可以被認為是不好的詮釋或勉強的詮釋。作為一種判斷標準，我的「類波普爾式」的提議也許過於纖弱，但它足以使人認識到並非任何詮釋都是可行的。

皮爾士(C.S. Peirce)堅持詮釋的假想性、意義生成的無限性以及詮釋結論本質上的可證偽性，他試圖在群體普遍認同的基礎上，為詮釋確立某種最低限度的可接受性標準(這與伽達默爾關於詮釋傳統的觀念並非毫不相容)。群體可以提供甚麼樣的保證？我認為它能提供一種事實上的保證。人類這個物種是以作出猜想然後再去證明這個猜想的方式不斷向前發展的。教育的意義就在於告訴孩子過去有哪些猜想已經被證明為是有效的。不要玩火！不要玩刀子！因為它們能傷人。這一點之所以有效是因為過去的事實已經向我們顯示出，有些小孩因沒有遵循這一忠告而受到了傷害。

我認為，當達芬奇所生活的那個文化群落，告訴達芬奇綁着一對能搧動的翅膀就能從山頂上飛下來的想法是荒謬的時，這一勸告是非常合理的（如果不是完全正確的話），因為這一假說已被伊卡羅斯[1]試驗過，並且被證明為是失敗的。也許，沒有達芬奇的烏托邦，人類便不可能保持着飛行的夢想。然而，只有當達芬奇關於空氣螺旋的設想與惠更斯[2]關於螺旋槳，以及靠空氣動力支撐的翼的觀念結合在一起，人類飛行的夢想才變為可能。這就是為甚麼達芬奇的那個文化體系至今仍然認為達芬奇是一位偉大的幻想家的原因——也就是說，認為他是在對後來成為了現實的東西進行超前的思考（儘管這種思考對他自己的時代來說也許不切實際；還有，其假說是建立在錯誤的前提之上）。然而，將他界定為一個「烏托邦天才」恰好意味着，他的那個群體承認他在某種意義上是正確的，儘管在另一種意義上說是錯了。

　　羅蒂認為我們可以用螺絲刀去擰螺絲，去開箱子，甚至是去掏耳朵。但這並不能證明它能適用於一切用途，而只能證明：我們可以根據對象所顯示出來的不同的相關特徵，從不同的角度對其進行觀照。但螺絲刀也可能是黑色的，這一特徵卻與任何目的都不相干（除非在一次身着正式禮服的晚宴上我正好要掏耳朵，用黑色的

1　[譯注]伊卡羅斯(Icarus)，希臘神話中巧匠Daedalus之子，與其父雙雙以蠟翼黏身飛離克里特島，因飛得太高，蠟被陽光融化，墜愛琴海而死。

2　[譯注]惠更斯(Christian Huygens, 1625–1695)，荷蘭數學家，物理學家，天文學家，提出了光的波動說。

　　　　　　　　　　　　　　昂貝多·艾柯

東西可以掩人耳目)。而且我也不能將螺絲刀歸於圓形物體一類，因為它並沒有顯示出圓形的特性。我們只能將一個頭腦清醒的觀察家所能夠覺察到的那些特性，視為相關的或貼切的(即使這些特性一直到現在才為人所覺察)，我們只能分辨出那些從某個特定的目的出發被認為是相關或貼切的特徵。

我們經常想使某個以前為我們所忽視的特徵突出出來，以使那個物體服務於它顯然並沒有被賦予的目的。路易斯·普列托(Luis Prieto)舉過一個例子：一個金屬煙灰缸被設計成一個容器(為了這一目的，它顯示出凹陷進去的特性)，但由於它同時也是一個堅硬的物體，在某種情況下我可以把它用作一把錘子或一個飛彈。螺絲刀可以插進一個孔裏去並且在裏面旋轉，在這種意義上它也可以被用來挖耳朵。但對於挖耳朵來說，它畢竟是太長、太鋒利了，因此在操作時得十分小心，由於這個緣故，我通常總是不大願意將它伸進我的耳朵。一根牙簽上面卷些棉花絨效果會更好。這意味着，有些用途不僅是不貼切、不可能的，而且是瘋狂的。我不能將螺絲刀用作煙灰缸。我可以將一個紙杯用作煙灰缸卻不能將它用作螺絲刀。我可以將一個普通的文字處理軟件用於處理我的個人收入與納稅情況 —— 實際上我確實這樣做過，但結果是我損失了許多錢財，因為它沒有專為此目的而設計的另一處理程式那麼精確。

理解本文的運作機制意味着去斷定為了得到一個連

貫的詮釋它的眾多特徵中哪些是相關的，哪些是不相關、不能支持連貫性的解讀的。「泰坦尼克」號碰到了一座冰山(iceberg)，弗洛伊德住在伯加斯(Berggasse)：這種「偽詞源學」的類比，並不能證明對泰坦尼克號事件進行精神分析學解釋的合理性。

羅蒂所舉的電腦軟件的例子聽起來非常有趣。我可以使用某種特殊的程式而不必知道其子程式的構成，這一點確鑿無疑。同樣確鑿無疑的是，一位中學生在使用這套程式時可能會發現它的設計者所未曾料想到的功能。然後可能還有一位很棒的電腦專家對此程式進行了分析並且詳細考察了其子程式，不僅解釋了它為何會發揮這種特殊的額外功能，而且還揭示出它為甚麼、以及怎麼樣能做更多的事情。我想請問羅蒂為甚麼前者(在不知道其子程式結構的情況下使用此子程式)應該比後者更值得敬佩。

我並不反對人們為了某些解構的目的而大膽地使用文本，我承認我也經常這麼做。我喜歡皮爾士所說的「玩玄」(play of musement)。如果我們的目的只是快樂地生活，那麼為甚麼不把本文當作迷幻藥一樣地使用，為甚麼不認為美即快樂、快樂即美、即你在世界上所知道的一切、所必須知道的一切？

羅蒂問我們想知道語言的運行機制究竟是出於甚麼目的。我滿懷敬意地回答：不僅因為作家研究語言可以使自己寫得更好(我記得卡勒也強調過這一點)，而且因

　　　　　　　　　　昂貝多·艾柯

為，好奇乃一切知識之源，知識乃快樂之源：發現一個特定的本文為甚麼以及怎麼樣能夠產生這麼多的好的詮釋，是一件多麼美妙的事！

我年青時讀過奈爾瓦(Gérard de Nerval)[3]的小說《塞爾維》(Sylvie)。第一次讀時我簡直被它給迷住了。以後我又重讀過多次，但那種迷戀總是有增無減。當我讀了普魯斯特的分析文章時，我明白了《塞爾維》最為神奇的地方，在於它能創造出一種持續不斷的「霧中觀花」的朦朧效果(effect de brouillard)，因此我們永遠無法準備地理解，奈瓦爾是在講述過去還是在講述現在，敘述者是在敘說一個事實還是一種記憶，這就迫使讀者在閱讀時不斷回過頭去往前看，以便弄清自己究竟身在何處。我多次試圖對《塞爾維》進行分析，以便弄明白奈瓦爾究竟用了甚麼樣的敘事策略和語詞策略，竟如此嫻熟而成功地吸引住了讀者的好奇心。我並不滿足於作為一個狂熱的讀者而享有的那種快樂；我同樣想體驗一下另外一種快樂：去發現本文是如何創造出我所感受到的那種朦朧效果的。

在多次毫無結果的努力後，我舉辦了一個長達三年的討論班，挑選出一批感受力敏銳、對此小說情有獨鍾的學生，共同進行這項工作。研究的結果發表於《VS》雜誌一九八二(31/32)的特刊上，題目是「論《塞

3　[譯注]奈瓦爾(Gérard de Nerval)，十九世紀法國作家，詩人，後因患精神病在巴黎街頭上吊自殺。

爾維》」。在對這一作品進行逐字逐句的解析，對動詞的時態、對代詞「我」在不同時間情境下的不同作用，以及諸如此類的東西，進行了詳盡的分析與統計之後，我們希望能夠解釋，這部作品是通過甚麼樣的符號學方式，創造出那種多元複合而又相互作用的效果、在它的詮釋史上為甚麼能夠產生並支持如此眾多的詮釋的。由於知識本身的可證偽性(fallibilism)，我相信，更進一步的研究將會發現，其他一些被我們所忽視了的符號學策略，正如更進一步的研究可能會批評我們的許多描述，是受了詮釋學懷疑論的影響一樣。無論如何，我認為這樣一來我對《塞爾維》的運行機制有了更好的理解。同時我也理解了為甚麼奈瓦爾不是普魯斯特(反過來亦如此)，儘管二者都在那麼執著地追憶着「逝水年華」。奈瓦爾之所以能創造出那種朦朧效果，是因為他只想成為 —— 而且確實也是 —— 一位輸家，而普魯斯特卻想成為、並且成功地成為了，一位贏家。

這種理論上的自覺意識會減弱我進一步閱讀的快樂和自由嗎？一點也不。相反地，在進行這種分析後，重讀《塞爾維》時我總是會感受到新的快樂，發現新的美妙之處。理解語言的運行機制，並不減少聆聽本文永恆的低語和訴說的快樂。我曾說過，能同時對這種感性的領悟與理性的論辯作出解釋，即使是婦科醫生也會墜入愛河。但如果我們承認這一點，我們同時得承認，儘管我們無法去對婦科醫生的情感進行評論，然而他們對人

體解剖有着豐富的知識這一點卻是眾所周知的事實。

對於群體約定的成規為詮釋所提供的保證，人們可以提出這樣一種反對意見：只有當你關注對具體刺激物或感性材料的詮釋時，群體的控制才是可以接受的 ── 如果「感性材料」這一概念還有某種可接受的定義的話（無論如何，我指的是對諸如「天在下雨」或「鹽是可溶的」這類假設的詮釋，因為只有對感性材料的詮釋，才能找到一個可以為群體中的大多數人接受的標準）。正如皮爾士所認為的，在對世界的符號進行詮釋時我們形成了一種「習慣」，也就是說，一種作用於現實之上並且產生其他感性材料的惰性和氣質。如果我像煉金術士那樣認為某些元素能夠轉化為金子，如果我形成了導致我去進行這樣一種嘗試的習慣，如果最後我並沒有在坩堝中得到金子，那麼我所在的群體的每一個頭腦健全的成員，都有權利認為我的假說和我的詮釋是不可接受的（至少是迄今為止），因為它產生的是一個不成功的習慣。

相反地，當我們處理文學本文時，我們卻並不只是在處理感性材料，也並不試圖產生新的材料：我們處理的是以前對這一問題的各種解釋，而且我們解讀的結果（是新的詮釋而不是一個「生成性的」習慣）也無法通過群體間相互商定的方式而得到檢驗。但這樣一種區分對我而言似乎過於狹窄。為了能夠確認出感性的材料，我們需要對它進行詮釋 ── 並且需要一種合適的標準，根據這個標準我們能夠確定某些東西比其他東西更合適；

我們所形成的操作性習慣本身，必須能向更進一步的詮釋開放。這就是為甚麼我們相信頭腦健全的社團成員，完全有能力斷定某一特定時刻，天是否在下雨的原因，但猶他州是否進行過核聚變這個問題似乎要難以判斷一些。我以前認為普魯斯特和奈瓦爾之間的區別，存在着本文方面的原因，這一斷言同樣難以判斷。這兩個例子說明，群體共識的形成是一個需要不斷得到修正的長期過程。

我知道我們對於阿司匹林能治感冒的確定性，比認為普魯斯特試圖達到某種不同於奈瓦爾的效果的確定性要大一些。詮釋的可接受性存在着不同的層級。阿司匹林能使體溫下降，某種物質能治療癌。二者相比，我更相信前者。同樣，在普魯斯特和奈瓦爾對記憶有着不同的理解，與《塞爾維》的風格不同於普魯斯特的風格二者之間，我更相信後者。我對「奈瓦爾開始寫作要比普魯斯特早」這一點確信無疑，儘管我無法依賴個人的感性經驗，但我相信群體的判斷。我知道，一九四五年一顆原子彈扔在廣島，因為我相信群體的判斷（儘管某些法國學者聲稱群體是不可信的，並且斷定聖經中所說的大毀滅只不過是猶太人的臆造）。自然，我們已精心構築起了一些語言習慣，根據這些習慣來判斷，某些證據、某些文獻是可信的。因此我堅信，廣島被炸這件事是確實無疑的，達豪、布痕瓦爾德大屠殺[4]也是確實存在的。同

4　［譯注］達豪(Dachau)、布痕瓦爾德(Buchenwald)乃東德西南部一村莊，一九三七至一九四五年德國法西斯曾在此設立集中營，殘酷屠殺了數萬名反法西斯戰士。

　　　　　　　　　　昂貝多·艾柯

樣，我相信荷馬史詩(儘管其作者不明)產生於《神曲》之前；我們難以將其詮釋為對基督受難的有意識的隱喻。自然，我可以認為赫克特[5]之死是基督受難的「隱喻」，但這種觀點只有當大家都達成了這樣一種共識之後，才有可能成立：即「受難」是一種永恆的原型，而不是特定的歷史事件。認為《塞爾維》的敘述者的經歷不同於普魯斯特所描寫的敘事者的經歷，沒有認為荷馬早於埃茲拉‧龐德(Ezra Pound)那麼具有可信性。但在兩種情況下我們都得依賴群體所可能形成的共識。

儘管在可信性上存在着明顯的差異，每一種對世界的描述(不管是科學定律還是小說)自身都是一本有待於進一步詮釋的書。但某些詮釋畢竟可以被認為是不成功的，因為它們就像騾子一樣：也就是說，它們不能產生新的詮釋，或是無法面對以前的詮釋傳統。哥白尼革命的力量，不僅在於他的理論能比托勒密的天文學傳統更好地解釋某些天體現象，而且在於他沒有將托勒密表述為一個狂熱的撒謊者，而是解釋了為甚麼、根據甚麼理由認為自己的詮釋是合理的。

我認為我們也應該用這種方式去處理文學本文或哲學本文。在許多情況下，我們有權對某個給定的詮釋提出質疑和挑戰。否則，為甚麼我應該去關注理查‧羅蒂，喬納森‧卡勒或克里斯蒂娜‧布魯克-羅斯的觀點？

5　[譯注]赫克特(Hector)，特洛亞王子，特洛伊戰爭中的英雄，後被阿基里斯殺死。

人人都對也就意味着人人都錯，因為你完全有理由忽視別人的觀點而固執於自己的觀點。

　　所幸的是，我並沒有這麼想。這也是我為甚麼要感謝這次論辯會的每一位參與者的原因。他們為我提供了這麼多富於挑戰性、富於深刻洞見的觀點，並且對我的作品作出了這麼多好的詮釋。我相信，他們對這一點也深有同感。否則的話，他們就不會遠道而來在這兒與我們大家見面了。